초판 인쇄일 2023년 6월 2일
초판 발행일 2023년 6월 9일

지은이 김용관
발행인 김영숙
신고번호 제2022-000078호
발행처 북장단
주소 (413-120) 경기도 파주시 회동길 445-4(문발동 638) 408호
전화 031)955-9221~5 **팩스** 031)955-9220
홈페이지 www.hyejiwon.co.kr
인스타그램 @ddbeatbooks
메일 ddbeatbooks@gmail.com

기획 · 진행 김태호
디자인 조수안
영업마케팅 김준범, 서지영
ISBN 979-11-983182-0-6
정가 14,000원

Copyright©2023 by 김용관 All rights reserved.
No Part of this book may be reproduced or transmitted in any form,
by any means without the prior written permission of the publisher.

* **북장단은 도서출판 혜지원의 임프린트입니다.** 북장단은 소중한 원고의 투고를 항상 기다리고 있습니다.

이 책은 저작권법에 의해 보호를 받는 저작물이므로 어떠한 형태의 무단 전재나 복제도 금합니다.
본문 중에 인용한 제품명은 각 개발사의 등록상표이며, 특허법과 저작권법 등에 의해 보호를 받고 있습니다.

1. 제조자	북장단	4. 제조년월	2023년 6월 2일
2. 주소	경기도 파주시 회동길 445-4 408호	5. 제조국	대한민국
3. 전화번호	031-955-9224	6. 사용연령	8세 이상

아인슈타인도 궁금해할 특별한 수학 질문 35

교과서를 깨고 나온 수학

김용관 지음

수학 공부, 그거 재미있는 거야?

아직까지 수학 공부라는 걸 해 본 적이 없는 친구나 동생에게 공부하자고 하면, 가장 먼저 수학 공부가 재미있는 거냐고 묻지 않을까요? 요즘에는 재미가 있느냐 없느냐가 중요한 기준이잖아요. 무얼 하든 일단 재미가 있어야 하죠.

여러분은 수학 공부에 대해 뭐라고 말하고 싶나요? 부모님의 잔소리를 무시하고 저한테만 솔직히 말해 보세요. 공부하긴 해야 하지만 재미는 없는 거라고 말하고 싶지 않나요? 공감해요. 스마트폰만 켜도 재미있는 게 널려 있는 시대에, 수학 공부는 '노잼'이에요.

수학 공부가 재미없는 이유는 뭘까요? 일단 수학은 일상과 많이 달라 낯섭니다. 그래서 다른 과목에 비해 더 어렵죠. 공부할 때도 수학이 요구하는 대로 이해하고 문제를 풀어야 합니다. 우리가 맘대로 해 볼 만한 게 거의

없습니다. 문제를 풀어내는 방법을 생각해 낼 때만 콩알만 한 자유가 주어집니다. 그저 주어진 지식과 공식을 차곡차곡 쌓습니다. 재미없을 조건을 두루 갖췄지요.

그런데 아인슈타인처럼 질문하고 생각해 보는 수학 공부, 아인슈타인처럼 똑똑해질 수 있는 수학 공부라고 하면 어떤가요? 좀 재미있어 보이지 않나요?

아인슈타인은 자유로운 상상력과 창의적인 사고를 대표하는 인물이에요. 상대성이론을 통해 시간의 길이도 달라지고 공간이 휜다는 사실을 밝혀냈습니다. 그러나 그 이론은 관측을 통해 얻어 낸 게 아니었습니다. 본인의 의문과 상상력을 수학으로 검증해 본 결과였죠.

아인슈타인은 어떻게 사고했을까요? 기존의 지식을 이해하는 공부, 당연히 했습니다. 하지만 지식을 무작정 쌓기만 하지는 않았답니다. 그 지식을 깨며 부정해 보기도 하고 지식 너머를 추측하며 자유롭게 상상해 봤습니다. 게임 하듯이 지식을 갖고 자기 맘대로 갖고 놀아 본 거죠.

힘을 줄수록 물체의 속도는 빨라집니다. 하지만 아인슈타인은 빛의 속도는 항상 일정하다고 가정해 봤습니다. 지극히 당연한 지식을 부정해 본 거죠. 그러고는 그 경우 어떤 결과가 벌어지는지를 수학적으로 따져 봤습니다. 이 단순한 부정이 상대성이론의 출발점이었습니다.

이건 아인슈타인이 천재라서 그런 상상을 할 수 있던 게 아니랍니다. 그런 재미있고 독특한 상상을 계속 하며 지식의 틀을 깨 보려 했기 때문에 전혀 생각하지 못했던 이론을 발견하고 물건을 만들 수 있었던 거죠. 우리도 아인슈타인처럼 틀을 깨고 사고하고, 상상할 수 있답니다. 삼각형의 내각의 합은 180도입니다. 부정해 볼까요? 그럼 삼각형의 내각의 합이 180도가 아닙니다. 근데 이 단순한 부정이, 수학에서 어마어마한 발견으로 이어졌습니다. 삼각형의 내각의 합이 180도가 아닌 공간에 적용되는 수학이 등장했죠.

이 책의 제목은 『교과서를 깨고 나온 수학』입니다. 교과서에 나와 있는 지식을 단순하게 설명하는 책이 아닙니다. 교과서에 나와 있는 수학을 다루되, 교과서에서 묻지 않는 질문을 다룹니다. 소년 아인슈타인이 수학 교과서를 공부했다면 궁금해 했을 만한 질문이죠.

+0이나 -0도 있을까요?
-10kg 같은 음수 무게를 가진 사물은 없을까요?
나눗셈 구구단도 있을까요?
평생 동전을 던져도 앞면과 뒷면만 나올까요?

모두 재미있는 질문들이죠? 질문이 재미있으면 그 질문을 탐구하는 공부도 재미있게 마련이에요.

아인슈타인처럼 생각하다 보면, 아인슈타인처럼 더 재미있게 공부할 겁니다. 기존의 지식도 잘 이해할뿐더러 창의적인 사고력도 높아지고요. 그러다가 아인슈타인처럼 엄청난 법칙을 발견하는 일도 벌일 테죠. 이 책이 여러분에게 지식을 가지고 놀아 보는 경험으로 다가갔으면 좋겠습니다. 질질 끌려가는 수학 공부가 아니라 끌고 가는 수학 공부를 할 수 있도록 말이죠.

이 책이 만들어지기까지 북장단 출판사로부터 많은 도움을 받았습니다. 아이들에게 유익하면서 재미있는 수학책을 만들어 보자며 아낌없는 지원을 받았습니다. 또한 기획부터 제작 전반에 이르는 과정에서 꼼꼼하게 확인하며 상의해 준 김태호 편집자님, 예쁜 책으로 만들어 주신 조수안 디자이너님, 그 외 관계자분들에게 깊이 감사드립니다. 이 책의 눈높이를 맞추는 데 큰 도움을 준, 조카이자 친구인 초등학생 현서와 현권이에게도 고마움과 사랑을 전합니다. 여러분 모두 행복하세요.

저자 **김용관**

> 나는 상상력을 자유롭게 이용하는 데 부족함이 없는 예술가다.
> 지식보다 중요한 것은 상상력이다. 지식은 한계가 있다.
> 하지만 상상력은 세상의 모든 것을 끌어안는다.
> - 알베르트 아인슈타인 -

목차

머리말 _ 수학 공부, 그거 재미있는 거야? • 4

PART 1 수

1 0 1, 2, 3…. 수는 왜 0이 아닌 1부터 셀까? • 14
: 자릿값과 0

2 다른 숫자 친구들과 달라도 너무 다른 0, 자연수일까 아닐까? • 20
: 자연수의 정의

3 난 나로 이루어져 있다? 약수에는 왜 자기 자신도 포함될까? • 26
: 약수의 조건

4 0이나, $\frac{2}{3}$ 같은 분수도 약수에 끼워 주면 안 될까? • 31
: 약수의 성질

5 소수인 듯 아닌 듯, 1의 소속은 어디일까? • 37
: 소수와 1

6 분모와 분자에는 꼭 자연수만 들어가야 할까? • 43
: 분수의 성질

7 분수와 소수 모여라! 어느 편의 개수가 더 많을까? • 48
: 분수와 소수의 관계

8 수직선을 엄청 길게 늘이면, 무한을 표시할 수 있을까? • 54
   : 수와 수직선, 무한

9 왜 자연수를 (양의) 정수라고 달리 부를까? • 59
   : 자연수와 정수

10 혼자라서 쓸쓸해. 0에도 +0이나 -0이 있을까? • 64
   : 플러스(+)와 마이너스(-)

11 -10kg처럼 음수 무게를 가진 사물은 없을까? • 70
   : 양수와 음수

PART 2 연산

12 1+1=2, 생김새가 다른데 무엇이 같다는 걸까? • 78
   : 등호의 의미

13 3-5처럼 작은 수에서 큰 수를 뺄 생각을 왜 했을까? • 84
   : 뺄셈과 음수

14 나눗셈 구구단도 있을까? • 90
   : 사칙연산과 구구단

15 곱셈 나눗셈아, 새치기하지 마! 왜 곱셈과 나눗셈을 먼저 할까? • 95
   : 혼합계산 순서

16 3+4가 4+3과 다르면 무슨 일이 일어날까? • 101
   : 연산의 법칙

PART 3 도형

17 어떤 건 동그라미 어떤 건 원, 차이가 뭘까? • 110
: 모양과 도형의 차이

18 선이 얼마나 짧아지면 점이 될까? 개미 똥보다 더 짧게? • 116
: 점과 선의 정의

19 직선과 곡선, 사이좋게 하나로 묶을 수 없을까? • 122
: 직선과 곡선

20 마땅한 자도 없는데, 한강의 길이를 어떻게 잴까? • 128
: 곡선의 길이

21 왜 90도에만 특별히 '직각'이라는 이름을 주었을까? • 134
: 각의 종류

22 각이 3개면 무조건 삼각형일까? • 139
: 삼각형의 정의

23 삼각형, 오각형, 백각형도 있는데, 이각형도 있을까? • 145
: 면과 다각형

24 원의 중심도 원의 일부일까? • 152
: 원의 정의

25 식상한 건 싫어. 동그랗지 않은 원은 없을까? • 157
: 원의 조건

26 3.14159265…라는 원주율, 어쩌다가 구할 생각을 했을까? • 163
: 원주율의 역사

27 점은 0차원? 차원이 있다는 걸까 없다는 걸까? • 171
: 차원의 정의

28 상상조차 어려운 4차원에는 어떤 도형이 있을까? • 177
: 차원과 도형

29 우주에 나가 보지 않고도, 지구가 둥글다는 걸 알 수 있을까? • 182
: 공간과 삼각형

PART 4 논리와 확률/통계

30 한 바퀴 돌아왔다고 해서 지구는 둥그럴까? • 190
: 참과 거짓의 논리

31 1+1은 2이면서 2가 아닐 수도 있을까? • 196
: 논리의 규칙

32 나는야 규칙을 찾는 탐정! 2, 4, 6, 8, □. □는 10일까? • 201
: 규칙 찾기

33 1+1=2라는 걸 어떻게 증명해야 할까? • 207
: 증명의 원리

34 셀 수도 없는데 무한히 많다는 걸 어떻게 증명할까? • 213
: 증명의 방법

35 평생 동전을 던져도 앞면과 뒷면만 나올까? • 220
: 확률과 경우의 수

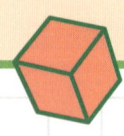
 교과서를 깨고 나온 수학

PART 1

0에도 +0과 -0이 있을까?

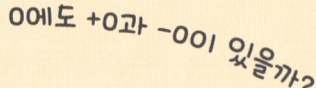
1, 2, 3 …

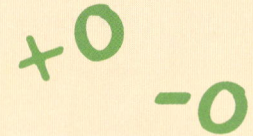
+0 -0

0은 자연수일까 아닐까?

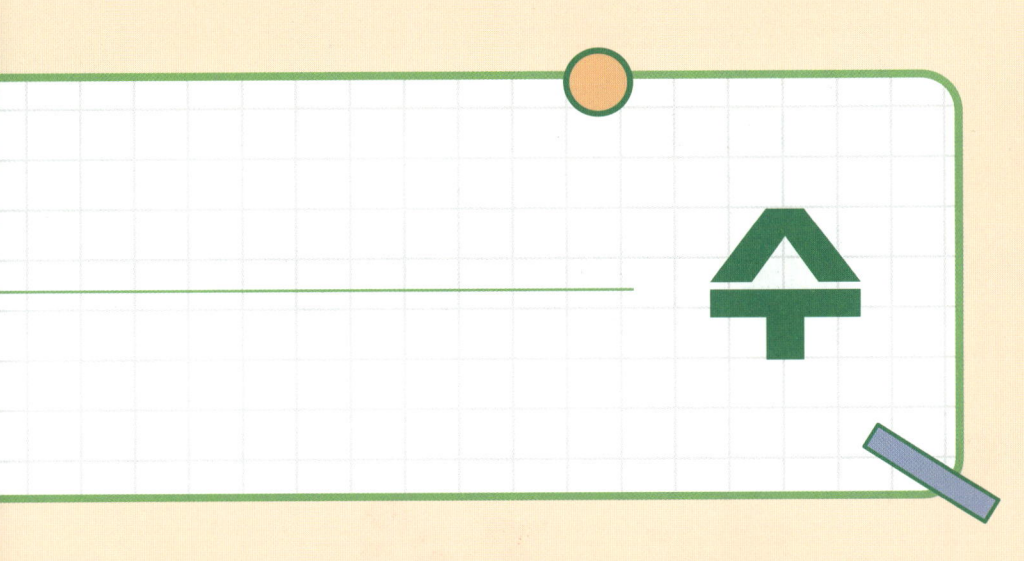

1 자릿값과 0

1, 2, 3···. 수는 왜 0이 아닌 1부터 셀까?

하나, 둘, 셋, 넷….
수를 셀 때는 보통 1부터 시작합니다.
1보다 더 작은 0이 있는데도 그렇습니다.

"왜 수는 1부터 셀까요?"

✨ 수 세기 시작! 하나, 둘, 셋, 넷…

  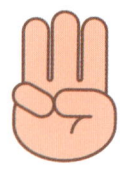

드디어 수학 질문의 세계에 들어왔군요! 오늘을 기념하여 수학

의 기본 중의 기본, 수를 처음 배웠을 때를 떠올려 볼까요? 아마 손가락을 하나 꼽으며 1을 배우고, 그다음 손가락을 꼽아 가며 2, 3, 4…를 배웠을 겁니다. 수를 세거나 말할 때는 1 또는 하나부터 시작합니다. 어찌 보면 참 자연스럽습니다.

<u>우리가 수를 언제 자주 사용하죠? 주로 물건의 개수를 셀 때입니다. 그런데 물건의 개수는 언제나 하나부터 출발합니다.</u> 게임의 차례처럼 순서를 정할 때도 수를 쓰는데, 순서도 늘 첫 번째, 즉 1부터 시작합니다. 그러니 1부터 수를 세는 게 당연해 보입니다.

수를 배울 때 1부터 시작한다는 것은, 수의 시작을 1로 본 겁니다. 이는 아주 옛날부터 확립되었습니다. 심지어 옛날 사람들은 1을 수의 부모로 여기기까지 했습니다. 1을 여러 번 더해 가면 2, 3, 4 같은 나머지 수들을 만들어 낼 수 있기 때문이죠.

잊고 있었던 No.0(zero)

하지만 수의 크기 순서로 보자면 1보다 먼저 등장해야 할 수가 있죠. 바로 0입니다. 0은 '아무것도 없는 상태를 나타내는 수'로, 1보다 더 작은 수잖아요. 그렇다면 수는 0부터 시작해야 하지 않을까요?

실제로 수직선에서는 0부터 표시하고 나머지 수를 그 다음에 표시합니다. 길이를 측정하는 자 역시 0이 먼저 표시되어 있죠.

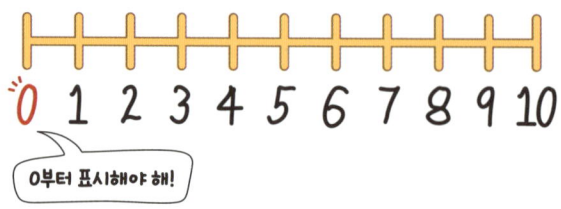

요즘에는 순서에서도 1보다 0을 더 우선하는 경우가 있습니다. 바로 '0순위'입니다. 가장 우선하는 것 또는 가장 최고의 것을 0순위라고 말합니다. 우승 후보 0순위라든가, 좋아하는 노래 0순위라고 하죠. 원래는 1순위라고 해야 하는데, 그 느낌을 더 강조하고자 0순위라고 표현합니다. 1보다 0을 더 우선하는 수로 보기 때문입니다.

수학의 입장에서 보자면 1보다는 0이 먼저입니다. 크기로 봐도 그렇고 위치로 봐도 그렇죠. 수학에서는 0부터 시작해 1, 2, 3, 4로 이어지는 순서가 더 자연스럽다고 할 겁니다. 실제 생활에서 우리가 수를 세는 순서와는 다릅니다.

정리하자면, 우리는 보통 1부터 세지만, 수학에서는 0부터 세야

합니다. **일상에서는 1이, 수학에서는 0이 더 우선하는 수입니다. 0과 1은 용도가 다르고, 만들어진 시기도 다르기 때문입니다.**

수는 처음에 물건의 개수를 세면서 등장했습니다. 가족의 수를 센다든가, 같이 살고 있는 강아지의 수를 세면서 만들어진 거죠. 그렇게 만들어진 수가 1, 2, 3 같은 수들입니다. 그런 경우에는 0이 필요 없었습니다. 없는 건 셀 필요가 없으니까요. 그 시절에 0은 아예 만들어지지도 않았고, 수는 당연히 1부터 시작되었습니다. 그래서 우리가 일상생활을 할 때는 1부터 세는 데에 익숙합니다.

자릿값 때문에 만든 0

그럼 0은 어떤 이유로 인해 만들어진 걸까요? 지금은 0을 아무것도 없는 크기를 나타내는 수로 알지만, 처음에는 그렇지 않았습니다. 1, 2, 3처럼 개수를 나타내는 수가 아니었습니다.

0은 천이나 만을 넘어가는 큰 수를 간단하게 쓰기 위한 과정에서 발명되었습니다. 즉 '자릿값'을 사용하면서 등장한 거죠. 1의 자리, 10의 자리, 100의 자리라고 할 때의 그 자릿값 말입니다.

자릿값은, 위치에 따라 수의 크기를 달리하는 방법입니다. 365에서 3은 100의 자리, 6은 10의 자리, 5는 1의 자리입니다. 그래서

3이 나타내는 크기는 3이 아니라 300이고, 6이 나타내는 크기는 6이 아닌 60입니다. 자릿값을 활용하면 큰 수를 간단한 숫자로 표현할 수 있습니다.

그럼 삼백다섯 개를 자릿값을 이용해 표현해 볼까요?

삼백다섯 개 → ① 3?5 ✗   ② 35 ✗   ③ 305 ○

삼백다섯 개니까 100의 자리에는 3, 1의 자리에는 5를 사용하면 됩니다. 그런데 10의 자리는 필요하지 않기에, ①처럼 10의 자리를 어떻게 해야 할지가 애매해집니다. 만약 10의 자리를 그냥 없애버린다면 ②처럼 35가 될 겁니다. 그러면 사람들은 삼백다섯 개가 아닌 서른다섯 개로 이해해 버립니다. 큰 오류가 발생하죠. 그래서 생각해 낸 게 ③처럼 10의 자리에 0을 표시하는 것이었습니다. 이때의 0은 거기에 자릿값이 있기는 있는데, 수는 아무것도 없이 비어 있다는 뜻이죠.

<u>0은 그 자릿값이 비어 있다는 표시이자 기호로 등장했습니다. 그래서 사람들은 처음에 0을 수로 생각하지 않았습니다. 등장한 지 약 2,000년이 흐르고 나서야 수로 인정받았습니다.</u>

개수를 셀 때 0은 필요하지 않습니다. 그래서 개수를 많이 세는 일상에서는 주로 1부터 수를 셉니다. 하지만 수학은 수들을 차별하지 않습니다. 모든 수를, 크기만 다르되 다 같은 수로 봅니다. 그래서 비록 0이 나중에 만들어졌지만 0을 1보다 우선합니다.

우리에게 익숙한 현실과 수학의 정리된 이론은 서로 다른 경우가 종종 있습니다. 평소 생각하던 대로 수학을 이해하면 틀리는 경우가 있으니, 수학을 배울 때는 당연해 보이는 내용이라도 의문을 가지고 접근해 보는 자세가 필요하죠! 그 자세가 바로 틀을 깨고 아인슈타인처럼 생각해 가기의 첫걸음이랍니다.

자연수의 정의

다른 숫자 친구들과 달라도 너무 다른 0, 자연수일까 아닐까?

자연수
1, 2, 3, 4,
5, 6, 7, 8,
9…20…100
…1000…

자연수의 목록입니다.
그런데 0은 보이지 않네요.
"0은 자연수가 아닐까요?"

 **자연수는 natural number**

    1, 2, 3, 4…와 같은 수를 모두 묶어서 자연수라고 합니다. 자연수란 1부터 시작해 1씩 커져 가는 수들로, 자연에 있는 사물의 개수를 하나씩 세면서 등장했다 하여 자연수(natural number)라고 했습니다. 공기나 물처럼, 자연스럽고 친근하게 느껴지는 수입니다. 그래

서인지 분수나 소수에 비하면 훨씬 더 쉽기도 하죠.

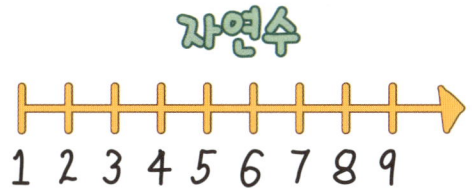

자연수에 1이라는 시작은 있지만, 끝은 없습니다. 1씩 커지는 수가 무한히 많기 때문입니다. 그런데 자연수의 시작은 왜 0이 아니라 1일까요? 자연수의 뜻을 잘 생각해 보세요. 사물의 개수를 세면서 만들어진 수라고 했잖아요. 아무것도 없는 건 셀 필요가 없으니 0은 자연수가 아닙니다.

그런데 주위를 살펴보면 0도 자연수인 줄 알고 있는 친구들도 많이 있을 거예요. 그래서 인터넷에는 0이 자연수이냐 아니냐에 관한 질문이나 동영상도 꽤 많답니다.

사람들은 왜 0이 자연수인지 헷갈려 할까요? 우선 수를 배울 때 0을 1, 2, 3 같은 수들과 같이 배웁니다. 그러다 보니 0을 1, 2, 3 같은 수들과 같은 자연수로 착각하게 됩니다. 게다가 이론적으로 수학을 공부하는 수학자들은 0을 자연수에 포함시킵니다. 수학자들의 그런 이야기가 뒤섞이다 보니, 0도 자연수라고 생각하는 사람들이 늘어난 거죠. 그래서 사람들이 헷갈려 하는 겁니다.

수학자들이 0을 자연수에 포함시키는 데에는 그럴 만한 이유가 있습니다. 자연수를 0부터 시작하는 게 수학의 입장에서는 더 좋기 때문이죠.

자연수는 모든 수들의 뿌리다

수에는 종류가 많습니다. 중학교만 가도 초등학교에서 배운 자연수, 분수, 소수 외에 음수, 무리수, 실수 같은 새로운 수들이 또 등장합니다. 그래서 수학은 각각의 수들이 무엇인지, 어떻게 차이가 나는지를 정확하게 정의하려고 했습니다. 수학은 정확한 걸 좋아하잖아요.

분수는 무엇이고 소수는 무엇일까요? $\frac{3}{5}$ 같은 분수는 3÷5 같은 자연수의 나눗셈으로부터 만들어진 수입니다. 분수는 자연수를 통해서 정의됩니다. 0.5 같은 소수는 $\frac{5}{10}$와 같은 특별한 분수입니다. 분수의 하나이므로 소수 역시 자연수를 통해 정의될 수 있습니다.

$$0.6 \longrightarrow \frac{6}{10} = \frac{3}{5} \longrightarrow 3 \div 5$$

$$0.5 \longrightarrow \frac{5}{10} \longrightarrow 5 \div 10$$

소수 → 분수 → 자연수
(분모가 10, 100…인 분수) (자연수의 나눗셈)

이런 식으로 다른 수들 역시 자연수를 통해서 정의되죠. 그러므로 <u>다른 수들을 정의하려면 먼저 뿌리인 자연수를 정확하게 정의해야 합니다.</u> 그래서 자연수를 정확하게 정의하는 것이 아주 중요한 문제가 되었습니다.

자연수의 시작을 0이라고 하자!

자연수에게 임무가 주어졌네요. 분수나 소수, 음수처럼 자연수가 아닌 수들을 자연수를 통해 정의할 것! 그러려면 '사물의 개수'라는 자연수의 원래 정의가 달라져야 했습니다. 개수라는 뜻으로는 -3 같은 음수를 정의할 수는 없으니까요. 어떻게 해야 할까요?

새하얀 그릇에 갓 지은 밥이 담겨 있습니다. 밥이 있으니 그릇을 다른 용도로는 쓰지 못합니다. 만약 다른 용도로 쓰고 싶다면 우선 밥을 퍼내고 그릇을 비워야 합니다. 자연수로 다른 수들을 정의하기 위해서는 자연수를 빈 그릇처럼 만들어야 합니다.

자연수를 빈 그릇처럼 만든다는 건, 자연수가 어떤 수인지를 굳이 설명하지 않는 것과 같습니다. '자연수는 그저 1, 2, 3, 4…처럼 커져 가는 수일 뿐이다'라고 생각하는 거죠. 그 수들이 개수인지 아닌지를 아예 설명하지 않습니다. 자연수를 어떻게든 설명하는 순간, 그 설명을 벗어나 있는 수를 자연수로 정의할 수 없게 되니까요.

이 결론으로 자연수 1, 2, 3, 4는 서로 다른 기호 그 이상도, 이하도 아니게 되었습니다. 1은 개수 하나가 아니라 단지 기호일 뿐입니다. 그렇기에 1을 1이 아닌 다른 모양의 기호로 대신해도 됩니다. a나 □처럼 다른 수와 구분할 수 있는 기호이기만 하다면 상관이 없습니다. 그렇게 되자 수학자들은 1 대신에 차라리 0을 먼저 쓰자고 제안했던 겁니다. 0을 자연수의 첫 수로 간주해 버린 거죠. 구분만 되는 기호이면 되니까요.

0을 자연수에 포함하니까 더 좋네?

0을 자연수의 시작으로 보면 더 좋은 점이 많습니다. 일단 0부터 9까지의 모든 숫자가 자연수에 포함됩니다. 그럼 20이나 0.5처럼

0이 들어가 있는 어떤 수들도 0부터 9까지의 자연수를 통해서 정의할 수 있습니다. 또한 0이 자연수라면, 3+□=3 같은 문제의 답인 0도 자연수 안에 있게 됩니다. 어떤 문제의 답도 자연수 범주에서 해결이 가능해집니다. 0을 자연수에 포함시켰기 때문입니다.

일반적으로 자연수는 사물의 개수입니다. 그 경우 0은 자연수가 아닙니다. 따라서 일상이나 학교에서도 0은 자연수에서 제외됩니다. 하지만 **수를 엄밀하게 정의하는 이론적인 수학에서는 0마저도 자연수에 포함시킵니다.** 그렇게 알아 두면 됩니다. 그걸 수학이 참 엉성하다고 생각하지는 말아 주세요. 현실을 현실대로, 이론을 이론대로 인정해 주는 센스로 받아들이자고요.

3 약수의 조건

난 나로 이루어져 있다? 약수에는 왜 자기 자신도 포함될까?

 생각해보기

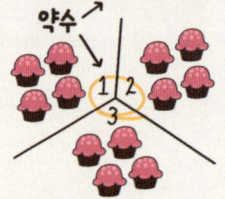

6의 약수는 1, 2, 3, 6
7의 약수는 1, 7
12의 약수는 1, 2, 3, 4, 6, 12

공통점이 있습니다. 약수에는 자기 자신도 포함되네요.
"약수에는 왜 자기 자신도 포함될까요?"

 ✦ **나누어떨어지게 하는 수 = 약수**

 약수란, 어떤 수를 나누어떨어지게 하는 수를 말합니다. 나눴을 때 나머지가 0이 되게 하는 수죠. 6을 2로 나누면, 몫은 3이고 나머지는 0입니다. 그러니 2는 6의 약수입니다. 약수는 나누기를 통해 등

장했습니다. 6의 약수를 찾는 기본적인 방법은 6보다 작은 수로 직접 나눠 보는 겁니다.

$$6 \div 1 = 6 \cdots\cdots 0 \qquad 6 \div 4 = 1 \cdots\cdots 2$$
$$6 \div 2 = 3 \cdots\cdots 0 \qquad 6 \div 5 = 1 \cdots\cdots 1$$
$$6 \div 3 = 2 \cdots\cdots 0 \qquad 6 \div 6 = 1 \cdots\cdots 0$$

(몫, 나머지)

6을 6 이하인 자연수로 나눠 봤습니다. 나머지가 0이 되게 하는 수는 1, 2, 3, 6이네요. 그 수들이 6의 약수입니다. 다른 수들의 약수도 이런 식으로 구할 수 있습니다.

나는 나의 약수?

4의 약수: 1, 2, 4
6의 약수: 1, 2, 3, 6
7의 약수: 1, 7
10의 약수: 1, 2, 5, 10

4, 6, 7, 10의 약수를 구해 봤습니다. 몇 가지 특징이 보입니다. 일단 1은 모든 자연수의 약수군요. 어떤 자연수이건 1로 나누어떨어지

기 때문이죠. <u>1은 어떤 자연수의 약수에서도 항상 첫 번째로 등장합니다. 그리고 어떤 자연수이건 그 자연수 자신도 항상 약수가 된다는 특징이 있습니다.</u> 자기 자신을 자기 자신으로 나누면 나머지가 0이니 당연하겠죠.

혹시 왜 자기 자신도 약수에 포함되는지 궁금했던 적이 없나요? 약수는 나누기니까, 골고루 나눠 주는 거라고 생각해 보세요. 피자 6판을 1판씩, 2판씩, 3판씩 나눠 주는 건 자연스럽습니다. 하지만 6판을 한 묶음으로 해서 나눠 준다고 생각하면 조금 어색한 느낌이 있습니다. 골고루 나눠 주는 게 아니라 욕심쟁이 한 사람이 전부 가져가는 거에 가깝잖아요. 그래서 자기 자신을 약수에서 제외하는 게 더 자연스럽게 느껴지기도 합니다. 과연 어떤 수의 약수에서 자기 자신을 뺄 수는 없을까요?

약수에서 자기 자신을 제외하면?

생각만 하지 말고 실제로 행동해 보죠. 말도 안 되는 것 같은 의문을 따라가다 보면 의외의 세계를 엿볼 수도 있잖아요? 약수에서 자기 자신을 제외하기로 해 보는 겁니다. 그리고 어떤 일이 일어나는지 주의 깊게 살펴보죠. 이 문제를 탐험하는 수학자가 직접 되어 보는 겁니다. 만약 별다른 문제가 일어나지 않는다면, 앞으로는 약수에서 자기 자신을 제외하자고 과감하게 제안도 해 보고요.

약수에서 자기 자신을 제외하면, 일단 어떤 자연수이건 약수의 개수는 하나씩 줄어듭니다. 4의 약수는 1, 2로 단 2개가 됩니다. 개수가 줄어든다는 건 더 좋은 일 아닐까요? 약수를 공부해야 할 우리의 입장에서는 챙겨야 할 게 줄어든 셈이잖아요. 뭔가 좋은 징조 같습니다. 그렇더라도 부정적인 결과는 없을지도 꼼꼼하게 살펴봐야 합니다.

이리저리 살피다 보니 이런, 문제가 될 만한 게 하나 보이네요. 1의 약수입니다. 약수에서 자기 자신을 제외한다고 하면, 1의 약수에서 1을 제외해야 합니다. 그러면 1의 약수는 하나도 남지 않습니다. 약수가 없는 자연수가 존재하게 되는 것이죠. 좋은 징조는 아닙니다. 또 다른 문제점도 보입니다. 2, 3, 5, 7 같은 수들의 약수를 구해 보세요. 이 수들의 약수는 모두 1과 자기 자신뿐입니다. 그런데 자기 자신을 약수에서 제외한다면, 이 수들의 약수로는 오직 1만 남습니다. 수는 다른데 약수는 모두 같아져 버립니다. 이렇게 되면 1이라는 약수만으로는 어떤 수의 약수인지 알 방법이 없습니다. 보통 큰 문제가 아니네요.

약수에서
자기 자신을 제외하면?

2의 약수: 1, 2 ⟶ **2의 약수도** 1

3의 약수: 1, 3 ⟶ **3의 약수도** 1

5의 약수: 1, 5 ⟶ **5의 약수도** 1

나는 나의 베스트프렌드야

<u>자기 자신을 약수에서 제외하면</u> 어떤 일이 벌어졌나요? <u>1처럼 아예 약수를 갖지 못하는 수가 생겼습니다. 그리고 2, 3, 5, 7 같은 수들은 모두 약수가 같았습니다. 약수만으로는 어떤 수의 약수인지를 구분하기 어렵게 됐습니다.</u> 상당히 난처한 상황이죠.

약수에 자기 자신을 포함하는 것과 제외하는 것, 어느 쪽이 더 좋아 보이나요? 자기 자신을 약수에 포함하는 게 더 좋아 보입니다. 그러면 모든 자연수가 약수를 갖게 되고, 약수만으로도 어떤 수의 약수인지를 알 수 있게 되니까요. 그래서 수학에서는 약수에 자기 자신을 포함시키기로 결정한 겁니다. 자기 자신이 자기 자신의 베스트프렌드인 것처럼 말이죠. 자기 자신도 약수로 포함시키는 것은 괜한 욕심이 아니랍니다. 자기 자신을 소중히 여기는 진한 애정이랍니다.

4

약수의 성질

0이나, $\frac{2}{3}$ 같은 분수도 약수에 끼워 주면 안 될까?

 해보기

6의 약수는 1, 2, 3, 6입니다.
약수는 자연수를 대상으로 합니다.
어떤 수의 약수 역시 자연수죠.
"그럼 0에도 약수가 있을까요?
$\frac{2}{3}$ 같은 분수도 약수가 될 수 있을까요?"

 약수는 자연수들만의 놀이터

4의 약수: 1, 2, 4

6의 약수: 1, 2, 3, 6

10의 약수: 1, 2, 5, 10

자연수인 4, 6, 10의 약수들입니다. 각 수들의 약수 역시 자연수네요. 약수는 이처럼 자연수에 대해 적용됩니다. 자연수에만 적용되기에, 약수를 갖는 가장 작은 수는 1입니다. 1의 약수는 1로, 1개의 약수만을 갖는 유일한 수입니다. 그리고 1은 모든 자연수의 약수이기도 합니다. 자연수만을 대상으로 하기에, 어떤 수의 약수 역시 자연수입니다. 어떤 수의 약수 중에서 가장 큰 수는 그 수 자신입니다.

약수의 특징
① 약수는 자연수에 대해 적용된다.
② 어떤 수의 약수는 모두 자연수이다.
③ 약수를 갖는 가장 작은 수는 1이다.
④ 약수 중에서 가장 큰 수는 그 수 자신이다.

이렇듯 약수는 자연수들만의 놀이터입니다. 약수에서는 0도, 분수도, 소수도 찾아볼 수가 없죠. 마치 울타리를 쳐 놓고 자연수들끼리만 노는 모습이랄까요.

0, 어떤 수로 나눠도 나머지가 0이라 곤란해

그러면 0은 왜 약수의 대상도 아니고, 어떤 수의 약수도 아닌 걸까요? 왜 수의 시작이기도 한 0을 제외해야만 했는지 확인해 보죠.

먼저 0의 약수를 찾아보겠습니다. 0을 나누어떨어지게 하는 수면 됩니다. 수학에서 0은 어떤 수로 나누어도 몫이나 나머지가 모두 0입니다. 0을 1로 나누면 몫은 0, 나머지도 0입니다. 2로, 3으로, 100으로 나눠도 그렇습니다.

$$
\begin{array}{c}
\text{몫} \quad \text{나머지} \\
0 \div 1 = 0 \cdots\cdots 0 \\
0 \div 2 = 0 \cdots\cdots 0 \\
0 \div 3 = 0 \cdots\cdots 0 \\
\vdots
\end{array}
$$

몫도 나머지도 0이니, 0에 대한 약수는 모든 수가 됩니다. 0을 제외한 어떤 수도 0의 약수입니다. 뭐가 좀 이상하죠? 약수의 개수가 정해져 있는 자연수들과는 상황이 다릅니다. 최솟값도 최댓값도 없습니다. 그래서 0에 대한 약수를 고려하지 않기로 한 겁니다.

분수의 약수, 무한히 많아서 곤란해

자연수가 무한히 많은 것처럼, 분수 또한 무한히 많이 존재합니다. 이제는 분수에 대한 약수도 있는지 살펴보겠습니다. 대표적으로 $\frac{1}{2}$의 약수를 생각해 보죠. $\frac{1}{2}$을 나누어떨어지게 하는 수를 구하면 됩니다.

$$\frac{1}{2} \div \frac{1}{2} = 1 \cdots\cdots 0$$

$$\frac{1}{2} \div \frac{1}{4} = 2 \cdots\cdots 0$$

$$\frac{1}{2} \div \frac{1}{6} = 3 \cdots\cdots 0$$

$\frac{1}{2}$을 나누어떨어지게 하는 수는 모두 분수입니다. 그런데 $\frac{1}{2}$을 나누어떨어지게 하는 분수는 무한히 많습니다. $\frac{1}{2}, \frac{1}{4}, \frac{1}{6}$처럼 분모가 2의 배수이고 분자가 1인 분수들은 모두 약수입니다. 2의 배수는 끝없이 있으니 $\frac{1}{2}$에 대한 약수도 무한히 많습니다. 약수의 개수가 정해져 있는 자연수의 경우와 역시 다릅니다. 그래서 분수에 대한 약수도 고려하지 않습니다.

0이나 분수, 약수가 되면 곤란하다

이제는 0과 분수도 약수가 될 수 있는지를 살펴보겠습니다. 0은 4의 약수가 될 수 있을까요? 4를 0으로 나눠 보면 됩니다. 그런데 수학에서는 어떤 수를 0으로 나누는 게 금지되어 있습니다(0으로 나누기를 할 수 없어서 그렇답니다). 그러므로 4를 0으로 나눌 수는 없습니다. 0은 4의 약수가 될 수 없는 거죠. 4만이 아니라 다른 어떤 수의 약수도 되지 못합니다.

그럼 분수는 4의 약수가 될 수 있을까요? 4를 나눴을 때 나머지가 0이 되게 하는 분수가 있는지를 살펴보면 되겠네요.

$$4 \div \frac{1}{2} = \underset{몫}{8} \cdots\cdots \underset{나머지}{0}$$

$$4 \div \frac{1}{4} = 16 \cdots\cdots 0$$

$$4 \div \frac{1}{8} = 32 \cdots\cdots 0$$
$$\vdots$$

4를 나누어떨어지게 하는 분수는 많습니다. 그런데 0과 분수의 약수를 살펴볼 때처럼 그 개수가 무한하네요. 4의 약수를 분수까지 포함할 경우, 4의 약수의 개수는 무한해집니다. 4만이 아니라 어떤 자연수에 대해서도 그렇습니다. 분수도 약수가 될 경우, 어떤 수의 약수의 개수는 무한합니다. 그래서 분수도 약수에서 제외하는 겁니다.

자연수가 아닌 0이나 분수에 대한 약수는 무한히 많습니다. 자연수에 대한 약수를 분수까지 확장할 경우에도 약수의 개수는 무한합니다. 그래서 그 경우들을 모두 제외합니다. 그 결과 약수는 자연수만의 놀이터가 되었습니다. 자연수만을 대상으로 해서 약수를 생각하고, 이때 약수는 자연수입니다. 어쩔 수 없는 선택이긴 했지만, 놀이터에서 쫓겨난 분수와 0은 억울하겠군요.

5 소수와 1
소수인 듯 아닌 듯, 1의 소속은 어디일까?

생각해보기

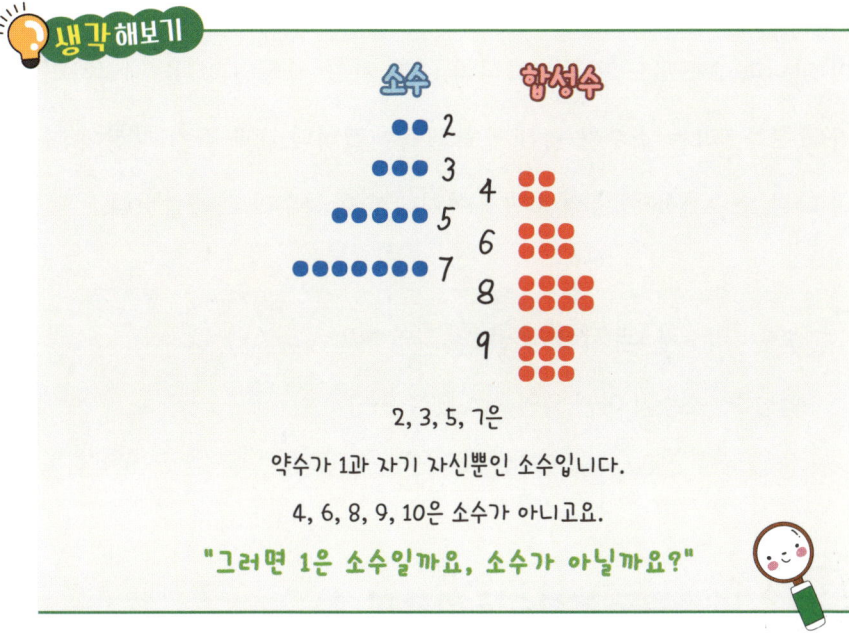

2, 3, 5, 7은
약수가 1과 자기 자신뿐인 소수입니다.
4, 6, 8, 9, 10은 소수가 아니고요.
"그러면 1은 소수일까요, 소수가 아닐까요?"

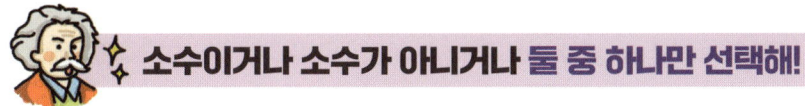

자연수 중에는 소수라는 게 있습니다. 3.5 같은 소수가 아닙니다. **소수란 2, 3, 5처럼 약수가 1과 자기 자신뿐인 수를 말합니다.** 자연수 중에는 그런 소수가 많습니다. 실은 무한히 많다는 게 2,300년 전쯤에 이미 증명되었답니다.

하지만 소수가 아닌 수들도 있습니다. 4, 6, 8, 9, 10처럼 1과 자기 자신 이외의 약수를 갖는 수들이죠. 소수가 아닌 수를 합성수라고 부른답니다. 합성수 역시 무한히 많습니다.

4, 6, 8, 9, 10 같은 수를 왜 합성수라고 부를까요? 10은 1×10만이 아니라 2×5로도 만들어집니다. 1과 자기 자신인 10을 제외하더라도, 2와 5라는 소수를 곱해서도 만들어집니다. 1과 자기 자신이 아닌 다른 소수들을 합성해서 만들어지니까 합성수라고 했습니다.

> 소수 : 약수가 1과 자기 자신뿐인 자연수(2, 3, 5, 7…)
>
> 합성수 : 소수가 아닌 자연수(4, 6, 8, 9…)

넌 소수도 합성수도 하지 마, 1

어떤 자연수든 소수 아니면 합성수입니다. 딱 하나만 빼고 말이죠. 그게 '1'입니다. 1은 소수도 아니고 합성수도 아니라고 말합니다. 소수냐 합성수냐의 구분에서 아예 제외되어 버리죠. 소수와 합성수 모두 1보다 큰 자연수를 대상으로 합니다.

이렇게 보면 1은 다른 수들이랑 어울리기 싫어하는 고집쟁이 수 같군요. 왜 1은 제외되었을까요? 소수와 합성수를 약수의 개수라는 관점에서 살펴보세요. 그러면 역시나 1은 소수나 합성수가 아닌 게 확실해 보입니다.

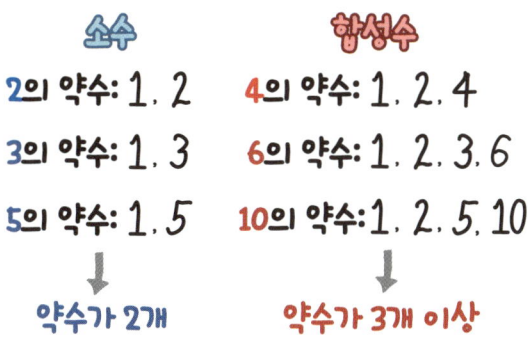

소수의 약수는 2개입니다. 반면에 합성수는 1과 자기 자신 이외의 약수가 존재하니까, 약수의 개수가 3개 이상입니다.

그러면 1은 약수가 몇 개일까요? 1은 1×1이니 약수가 1개뿐입니다. 소수나 합성수의 약수의 개수와 다릅니다. 그러니까 1은 소수도 합성수도 아닙니다. 따라서 자연수는 1과 소수 그리고 합성수로 분류됩니다.

자연수		
1	소수 (2, 3, 5, 7, 11, 13 …)	합성수 (4, 6, 8, 9, 10, 12 …)

1도 소수로 볼 수 있다?

그런데 생각을 조금만 달리해 보면 1을 소수로 볼 수도 있답니다. 소수의 정의가 뭐였죠? '약수가 1과 자기 자신뿐인 수'입니다. 이 정의에서는 1과 자기 자신이 꼭 달라야 한다고 말하지는 않았습니다. 만약 1과 자기 자신이 같아도 소수로 인정해 준다면, 1도 소수가 됩니다. 1은 1과 자기 자신이 같은 조금 특별한 소수인 거죠.

소수: 약수가 1과 자기 자신 ——(1과 자기 자신이 같아도 된다면?)—→ 1도 소수!

1도 소수라고 한다면, 소수는 약수의 개수가 1개 또는 2개인 수가 됩니다. 그리고 모든 자연수는 소수 아니면 합성수로 분류되고요.

실제로 예전 수학자들 중에는 1을 소수에 포함시킨 수학자들도 있었습니다. 18세기의 유명한 수학자인 오일러도 1을 소수로 봤습니다. 20세기 초반, 불과 100년 전까지도 1을 소수로 본 수학자들이 있었던 게 사실입니다.

굳이 1을 소수에서 제외한 이유

<u>1이 소수냐 아니냐의 문제는 선택의 문제였습니다.</u> 그래서 수학자마다 입장이 달랐습니다. 그러다가 수학계에서는 1을 소수에서 제외하는 걸로 정리를 했습니다. 그럴 만한 이유가 있었죠. 1을 소수로 볼 경우, 다른 데서 문제가 발생해 버리거든요.

10을 소수의 곱으로 나타내 보세요. 단, 1도 소수라고 생각하면서요. 그러면 아래처럼 여러 가지의 형태가 가능합니다.

1이 소수가 아닐 때: $10 = 2 \times 5$

1도 소수일 때: $10 = 1 \times 2 \times 5$
$= 1 \times 1 \times 2 \times 5$
$= 1 \times 1 \times 1 \times 2 \times 5$
$= 1 \times 1 \times 1 \times 1 \times 2 \times 5$
$\vdots$

왜 이렇게 됐을까요? 1을 소수에 포함했기 때문입니다. 1은 몇 번을 곱해도 1입니다. 그래서 어떤 수에 대한 소수의 곱은 무한히 많은 형태를 갖게 됩니다. 딱 하나의 형태만으로 표현되지 않습니다.

그러나 1을 소수에서 제외하면 상황이 달라집니다. 10=2×5로만 표현됩니다. 다른 소수의 곱은 없습니다. 어떤 자연수에 대한 소수의 곱은 하나로만 결정됩니다. 뭔가 굉장히 소중하고 특별한 규칙 같지 않나요? 실제로 수학에서는 이 규칙이 '산술의 기본 정리'라는 이름으로 불린답니다.

그래서 수학은 1을 소수에서 제외하기로 입장을 정리해 버렸습니다. 모든 자연수에 적용되는 큰 규칙을 얻기 위해 1을 소수에서 빼 버린 거죠. 1이 고집쟁이여서 그런 것이 아니라요. 그러니 수학은 1에 대해 감사한 마음을 가져야 합니다. 1의 희생 덕분에 모든 자연수에 적용되는 귀한 규칙을 얻게 되었으니까요.

분수의 성질

분모와 분자에는 꼭 자연수만 들어가야 할까?

$$1 + \cfrac{1}{2 + \cfrac{2}{3 + \cfrac{3}{4 + \cfrac{4}{5 + \cdots}}}}$$

넌 정체가 뭐니?

$\frac{2}{3}$, $\frac{5}{6}$, $\frac{7}{11}$은 모두 분수입니다.
분수의 분자와 분모로는 자연수가 들어가 있군요.
그럼 자연수가 아닌 수가 들어가도 괜찮을까요?
"위의 수를 분수라고 부를 수 있을까요?"

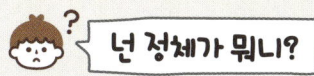

분수의 '분'은 한자로 '나누다(分)'라는 뜻입니다. 온전한 하나를 몇 개의 조각으로 나눠 표현한 수이기 때문에 '분수'라고 불렀습니

43

다. $\frac{3}{5}$은 피자 한 판을 다섯 조각으로 나눴을 때 세 조각에 해당하죠. 이처럼 분수는 1보다 작은 크기를 표현해 줍니다. 1을 원하는 개수만큼 똑같이 나눠서 크기를 표현합니다.

분수에는 분자와 분모가 있습니다. 분모는 1을 몇 개로 등분하느냐를 나타내고, 분자는 그 조각 중에서 몇 개에 해당하는가를 말합니다. $\frac{3}{5}$은 피자 한 판을 5개(분모)로 등분했을 때 그중 3개(분자)에 해당한다는 의미죠.

하나를 몇 개로 등분해 크기를 나타낸 게 분수라면, 분자와 분모는 자연수여야 할 겁니다. 피자 한 판을 여러 조각으로 등분해 보세요. 그 개수는 1, 2, 3처럼 셀 수 있는 자연수가 됩니다. 그래서 분수라고 하면 보통 $\frac{2}{3}$, $\frac{5}{6}$처럼 분자와 분모 모두 자연수입니다.

분수와 소수가 분자와 분모에 들어간다면?

그런데 수에는 자연수 말고 분수나 소수도 있습니다. 자연수가 들어가는 곳에 분수와 소수가 들어가지 못할 이유는 없습니다. 분자와 분모에 분수와 소수가 들어가도 되지 않을까요? 실제로 분자와 분모에 분수와 소수를 넣어 계산을 직접 해 보죠.

❶

$$\frac{\frac{3}{4}}{\frac{5}{7}} = \frac{3}{4} \div \frac{5}{7}$$
$$= \frac{3}{4} \times \frac{7}{5}$$
$$= \frac{21}{20}$$

❷

$$\frac{0.4}{0.53} = 0.4 \div 0.53$$
$$= \frac{4}{10} \div \frac{53}{100}$$
$$= \frac{4}{10} \times \frac{100}{53}$$
$$= \frac{40}{53}$$

❸

$$\frac{\frac{3}{4}}{0.5} = \frac{3}{4} \div 0.5$$
$$= \frac{3}{4} \div \frac{5}{10}$$
$$= \frac{3}{4} \times \frac{10}{5}$$
$$= \frac{3}{2}$$

계산할 때 분수는 $\frac{3}{5}$=3÷5처럼 나눗셈으로 고치면 됩니다. 분자를 분모로 나눠 주죠. 그래서 ①의 첫 번째 줄에 등장하는 나눗셈이 된 것입니다. 그리고 나눗셈은 3÷5=3×$\frac{1}{5}$처럼 역수를 곱하는 것으로 바꿔 계산합니다. ①의 두 번째 줄 곱셈은 그렇게 해서 만들어졌습니다. 최종적으로 나온 결과를 보세요. ①, ②, ③ 모두 분자와 분모가 자연수인 분수가 돼 버렸네요.

정리하자면 **분수와 소수를 분자와 분모에 넣어도 됩니다**. 하지만 식을 정리하고 나면 분자와 분모는 결국 자연수가 됩니다. 그래서 분자와 분모가 분수 또는 소수여도 된다고 따로 말하지 않은 겁니다. 분자와 분모가 자연수인 경우에 다 포함되어 버리니까요.

분자와 분모, 어떤 수든 환영

수에는 자연수, 분수, 소수 외에도 많은 종류가 있습니다. 그럼 분자와 분모에는 분수와 소수 이외의 어떤 수가 들어가도 되는 걸까요? 그렇습니다! 원칙적으로는 어떤 수가 들어가도 괜찮습니다. 음수가 들어가도 되며, 분자와 분모에 여러 개의 수가 들어가도 된답니다. 심지어는 무한히 이어지는 수가 들어가는 경우도 있습니다.

❶ $\dfrac{2+\dfrac{3}{5}}{\dfrac{11}{13}-\dfrac{2}{7}}$ ❷ $\dfrac{3+(-7)-\dfrac{3}{5}}{\dfrac{5}{7}-(-2)}$ ❸ $1+\dfrac{1}{2+\dfrac{2}{3+\dfrac{3}{4+\dfrac{4}{5+\cdots}}}}$

단순한 분수보다는 어렵지만 손도 못 댈 정도는 아닙니다. 분자 따로 분모 따로 계산해서 그 결과를 적어 주면 되죠. 분수를 나눗셈으로 바꾸고, 나눗셈을 역수의 곱셈으로 바꿔 계산하는 방법도 같이 써먹으면 좋습니다.

분모에 들어가면 절대 안 되는 수, 0

분자와 분모에는 자연수만이 아니라 자연수 이외의 수가 들어가도 됩니다. 하나의 수만이 아니라 여러 개의 수가 들어가도 되고요. 그래서 분수를 더 폭넓게 해석할 필요가 생겼습니다. $\frac{3}{5}$처럼 단순한 형태만 있는 게 아니니까요.

그 결과 분수 $\frac{B}{A}$는 B÷A와 같은 나눗셈을 줄여서 쓴 수라고 말합니다. A와 B가 자연수인 경우가 $\frac{3}{5}$처럼 단순한 형태의 분수입니다. 하지만 A, B에는 다양한 수, 여러 개의 수, 심지어는 x, y처럼 문자로 표현되는 식도 들어갈 수 있습니다. 그러니 그런 분수를 보더라도 너무 당황해하지 마세요. 원리만 알면 금방 풀 수 있는 올바른 형태의 분수이니까요.

분자와 분모의 조건에서 꼭 기억해 둬야 할 게 있답니다. **분모의 자리에 들어갈 수 없는 수가 딱 하나 있어요. 바로 0입니다.** 수학에서는 3÷0처럼 어떤 수를 0으로 나누는 것은 금지되어 있거든요. 3÷0을 분수로 쓰면 $\frac{3}{0}$이잖아요. 그래서 분모가 0이 되어서는 절대로 안 된답니다(분자가 0인 경우는 가능한데, 그냥 0이 됩니다. 0÷3=$\frac{0}{3}$=0).

7 분수와 소수의 관계

분수와 소수 모여라! 어느 편의 개수가 더 많을까?

 해보기

분수와 소수를 짝짓는 놀이를 해 보겠습니다.

$\dfrac{1}{2}$ ——————— 0.5

$\dfrac{1}{3}$ ——————— 0.333⋯

$\dfrac{1}{11}$ ——————— 0.090909⋯

⋮

어느 편의 개수가 더 많을까?

어떤 분수와 소수도 짝이 항상 있을까요?
"분수와 소수, 어느 편의 개수가 더 많을까요?"

 **분수가 불편**해서 소수가 만들어졌다!

분수는 몇 천 년 전의 고대 문명 때부터 등장했습니다. 그만큼 꼭 필요했던 수였던 거죠. 사과 반 조각이나 먹다 남긴 피자처럼 온

전한 하나가 되지 못하는 크기를 표현하기 위해 만들어졌답니다. 반면에 소수는 약 4백 년 전 서양에서 만들어졌습니다. **분수를 쭉 사용하다가 불편한 점이 있어 그 대안으로 만들어진 게 소수랍니다.**

$\frac{11}{21}$과 $\frac{101}{211}$ 중 어느 분수가 더 클까요? $\frac{11}{21}$과 $\frac{101}{211}$ 을 더하면 얼마일까요? 문제를 보자마자 짜증난다며 입을 삐쭉 내밀 겁니다. 분수끼리 크기를 비교하거나 덧셈이나 뺄셈을 하는 건 참 어렵습니다. 분모를 맞춰 주는 통분이라는 작업을 해야 하거든요. 하지만 일상생활에서 이런 계산을 붙잡고 있기에는 너무나도 비효율적이죠.

그래서 사람들이 소수를 고안해 냈답니다. 계산을 좀 쉽게 해 보자는 거였죠. 예나 지금이나 복잡한 계산을 하는 건 너무 싫었나 봅니다. 아이디어는 분모를 통일시키자는 거였습니다. 분수에서는 분자와 분모에 같은 수를 곱해 줘도 됐었죠? 이 성질을 이용해 모든 분수의 분모를 10, 100, 1000처럼 10을 곱한 수로 바꿔 버렸습니다. 그리고 $\frac{1}{10}$ = 0.1, $\frac{1}{100}$ = 0.01, $\frac{1}{1000}$ = 0.001로 간략하게 쓰기로 했죠. 그렇게 탄생한 것이 바로 소수입니다.

특명, 분모를 10, 100, 1000으로 바꿔라!

$$\frac{1}{2} = \frac{1 \times 5}{2 \times 5} = \frac{5}{10} = \frac{1}{10} \times 5 = 0.5$$

$$\frac{3}{25} = \frac{3 \times 4}{25 \times 4} = \frac{12}{100} = \frac{1}{100} \times 12 = 0.12$$

$$\frac{1}{3} = \frac{3}{9} = \frac{33}{99} = \frac{333}{999} = \frac{3333}{9999} \fallingdotseq \frac{3333\cdots}{10000\cdots} = 0.33333\cdots$$

분수 $\frac{1}{2}$은 소수 0.5가 되고, $\frac{3}{25}$은 0.12가 됩니다. 그런데 $\frac{1}{3}$처럼 아무리 바꿔도 분모가 10, 100, 1000…이 안 되는 분수가 있죠? 이런 분수들은 분모를 무한히 크게 해서 10, 100, 1000…을 분모로 하는 분수와 크기 차이가 거의 없도록 만들어 버립니다. 그리고는 그 값을 소수로 표현해 주죠. 그러면 분수 $\frac{1}{3}$은 0.3333…처럼 무한히 이어지는 소수가 됩니다. 분모가 10, 100, 1000 같은 수로 바뀌지 않는 분수들이 무한소수가 된답니다.

아까 $\frac{11}{21}$과 $\frac{101}{211}$ 중 어느 분수가 더 큰지 물어봤었죠? 이 둘도 소수로 만들어 비교하면 바로 알 수 있습니다.

$$\frac{11}{21} = 약\ 0.5238 \quad > \quad \frac{101}{211} = 약\ 0.4786$$

바로 알 수 있네!

분수와 소수, 어느 게 더 많을까?

그럼 분수와 소수 중 어느 게 더 개수가 많을까요? 개수를 세어서 비교하면 좋겠지만 그 방법은 불가능합니다. 분수도 소수도 개수가 무한하니까요. 그러니까 둘의 개수를 세어서 비교할 수는 없습니다.

분수와 소수의 개수를 비교하려면, 다른 방법이 필요합니다. 무한히 많은 2개의 집단을 비교할 수 있는 방법이어야 하죠. 그게 바로 '일대일 대응'입니다. 분수와 소수를 하나씩 짝지어 대응시켜 보는 겁니다.

남자 3명과 여자 5명이 따로 있습니다. 1명씩 짝을 지어 보면, 여자 2명은 짝지을 수가 없습니다. 그러니 여자가 더 많은 거죠. 짝짓지 못하는 대상이 있는 쪽이 개수가 더 많다고 보면 됩니다. 일대일 대응을 적용하면 수를 세어 보지 않고도 개수를 비교할 수 있답니다.

분수에 대응하는 소수의 특징

분수와 짝을 짓게 될 소수를 살펴보겠습니다. 만약 분수와 짝지어지지 않은 소수가 있다면, 소수가 더 많다는 뜻입니다.

그런데 가만히 보면 분수와 짝지어진 소수에는 특징이 있습니다. $\frac{1}{2}$처럼 분모가 10을 여러 번 곱한 수로 바뀌는 분수들은 0.5처럼 끝이 있는 소수입니다. $\frac{1}{3}$처럼 분모가 10을 여러 번 곱한 수로 바뀌지 못하는 분수들은 0.333…처럼 끝이 없는 소수이고요. 두 경우 다 분수와 소수가 짝지어지죠.

$\frac{1}{3}$ 같은 분수에 해당하는 소수들을 조금 더 자세히 살펴보세요. 소수의 형태에 일정한 패턴이 있습니다. 0.333…이나 0.090909…처럼 어떤 수들이 일정하게 반복됩니다.

$$\frac{1}{3} = 0.333\cdots \quad \frac{1}{6} = 0.1666\cdots$$

$$\frac{1}{7} = 0.142857142857142857\cdots$$

$$\frac{1}{11} = 0.090909\cdots$$

정리하면, **분수에 대응하는 소수들은 끝이 있는 소수이거나, 끝이 없지만 일정한 수가 반복되는 무한소수입니다.** 분수에 대응하는 소수는 이 두 가지 중 하나에 속합니다.

분수 : 분모가 10, 100, 1000이 되는 분수 ⟶ **끝이 있는 소수**
　　　: 분모가 10, 100, 1000이 안 되는 분수 ⟶ **특정한 수가 반복되는 무한소수**

분수에 대응하지 못하는 소수

분수에 대응하는 소수의 특징을 모두 찾아냈습니다. 이제 또 다른 형태의 소수가 더 있는지 알아봐야 합니다. 또 다른 형태의 소수가 있다면, 그 소수들은 분수에 대응하지 못합니다. 그러면 소수가 더 많다는 뜻이 됩니다. 다음의 소수는 어떨까요?

3.1415926535897932384626433832795028841971693399……

이 소수는 약 3.14라는 근삿값으로 알려진 원주율의 값입니다. 이 소수의 특징은 끝없이 이어지지만, 어떤 수도 반복되지 않죠. 이런 소수는 분명히 가능합니다. 실제로 그런 소수가 무한히 존재한다는 게 수학적으로 증명되었습니다.

방금 분수와 짝지어진 소수와는 다른 형태의 소수를 발견했습니다. 끝이 있는 소수도 아니고, 특정한 수들이 반복되는 소수도 아닙니다. 분수로 바꾸는 것이 불가능한 소수입니다. 이런 소수들은 그 어떤 분수와도 짝지어지지 않습니다. 그냥 외톨이로 있어야 하죠. 그러므로 <u>분수보다는 소수의 개수가 더 많은 겁니다</u>. 그만큼 소수로 표현해 낼 수 있는 범위가 더 넓습니다. 더 쉬운데도 쓰임새는 더 많으니, 일상에서 소수가 주로 쓰이는 게 당연하겠죠! 고마워해야겠습니다. 소수, 땡큐~

8 수와 수직선, 무한

수직선을 엄청 길게 늘이면, 무한을 표시할 수 있을까?

 생각 해보기

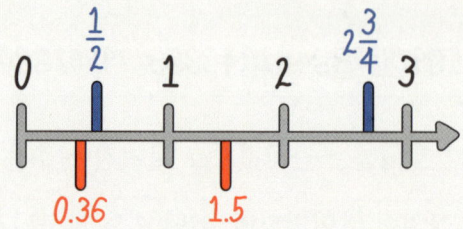

수직선 위에는 0도 있고,
1, 2, 3 같은 자연수도 있고
$\frac{1}{2}, \frac{2}{3}, 2\frac{3}{4}$ 같은 분수도 있고
0.36, 1.5, 3.14 같은 소수도 있습니다.
"그럼 무한은 수직선의 어디에 표시될까요?"

 수를 눈으로 볼 수 없을까?

    사람은 감각 중에서 특히 시각을 발달시켜 왔습니다. 옛 조상님들은 물건을 보게 되면 갖고 싶은 마음이 생기며(見物生心, 견물생

심) 백 번을 듣는 것보다 한 번 보는 게 훨씬 낫다고 말하셨죠(百聞不如一見, 백문이 불여일견). 눈에서 멀어지면 마음에서도 멀어진답니다(out of sight, out of mind).

수는 머릿속으로 생각하면서 계산해야 합니다. 때문에 수를 가지고 이리저리 공부하다 보면 머리가 아파 옵니다. 머리를 너무 많이 써서 그런 거죠. 그래서 사람들은 수를 눈으로 볼 수 있는 방법을 개발했습니다. 그게 바로 수직선입니다.

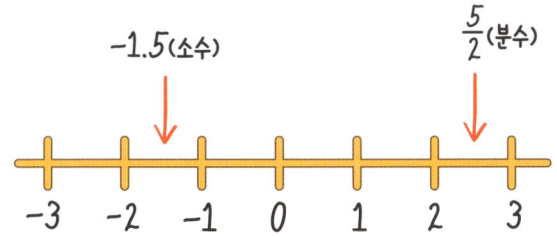

수직선은 수가 표시된 직선입니다. 직선을 긋고 0이라는 기준점을 먼저 잡죠. 그 후 양수는 0의 오른쪽에 음수는 0의 왼쪽에 표시합니다. 분수나 소수, 음수 등의 모든 수는 수직선 위의 한 점이 됩니다. 수 하나당 점 하나죠. 수가 다르면 점의 위치가 다르고, 점의 위치가 다르면 수도 다릅니다. 수직선에서 수는 한 점으로 바뀝니다.

점이라지만 그 점들이 모이면 도형이 되고 그림이 됩니다. 그러니 수직선은 결국 수를 그림이나 이미지로 바꿔 주는 장치죠. 컴퓨터에서 보는 이미지나 동영상에도 수직선이 활용됩니다.

수직선 위에서 모든 수는 눈에 선명하게 보입니다. 그런 효과가 0이나 음수처럼 어렵게 느껴졌던 수를 자연수처럼 익숙한 수로 만들어 줬습니다. 참 간단해 보이는 수직선, 대단하죠?

수라면 수직선 위의 점으로!

수직선 위에서 수는 하나의 점으로 표현된다고 했죠? 거꾸로 말해도 된답니다. 수직선 위의 점으로 찍힐 수 있는 게 수입니다. 수에 있어서는 굉장히 중요한 사건이었습니다.

어떤 수를 보면 그게 진짜 수인지 아닌지 헷갈릴 때가 있습니다. 0보다 큰 수만 있던 시절에 출현한 0이나 –1, –2 같은 수들이 그랬습니다. 사람들은 0과 음수를 두고서 진짜 수인지 아닌지를 머리 아프게 따져 봤습니다.

하지만 이제 그럴 필요가 없습니다. 수직선 위에 점으로 찍히는지 아닌지만 확인하면 됩니다. <u>수직선 위에 점으로 찍힌다고요? 그러면 수입니다.</u> 화석이 진짜로 존재했던 동물임을 증명하는 증거인 것처림, 수직선 위에 찍힌 점이 수임을 증명하는 증거이자 자격이거든요.

어떤 수들이 같은 수인지 다른 수인지 헷갈릴 때도 점으로 찍어 보면 알 수 있습니다. $\frac{7}{2}$, $\frac{14}{4}$, 3.5는 서로 다른 수처럼 보입니다. 정말 그런지를 따져 보려니 또 머리가 아프다고요? 그럴 때는 수직선 위에 점으로 찍어 보면 됩니다. 점을 찍어 보면 $\frac{7}{2}$, $\frac{14}{4}$, 3.5는 모두 같은 수입니다.

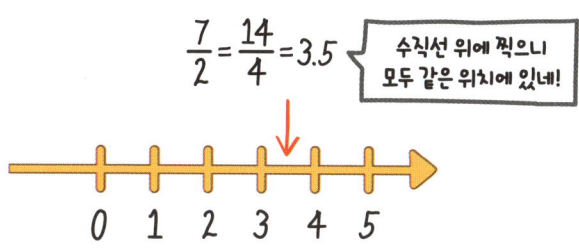

무한은 수직선의 어디에?

수직선에서는 이제 모든 수가 점으로 표시되어 눈에 보입니다. 그런데 딱 하나, 생각해 봐야 할 놈이 있습니다. 바로 무한(∞)입니다. 그 어떤 수보다도 큰 수인 무한은 영락없는 수 같습니다. 그럼 무한은 수직선의 어디에 표시될까요? 한번 찍어 보세요.

수직선의 어느 부분에도 무한을 찍을 수는 없습니다. 무한은 그 어떤 수보다도 커야 합니다. 그런데 수직선은 계속 뻗어 갑니다. 어떤 위치에 무한이라는 점을 찍었다고 해 보세요. 수직선은 그보다 큰 수를 향해 계속 뻗어 갑니다. 무한보다 더 큰 수가 존재한다는 뜻이 됩니다. 수직선의 오른쪽 화살표 끝에 표시하면 되지 않냐고요? 안 됩니다. 그 화살표는 수가 계속 이어진다는 뜻이지, 수가 찍히는 곳이 아니거든요.

무한은 수직선의 그 어느 곳에도 점으로 찍히지 않습니다. 무한을 위한 점은 그 어디에도 없습니다. 그건 무엇을 말해 주는 걸까요? 무한은 1, 2, 3 같은 일반적인 수가 아니라는 얘기입니다. 수직선 위에 점으로 찍히지 않으니 수가 아닌 거죠. 수 같지만 수가 아닙니다.

수학에서는 무한을 일반적인 수로 취급하지 않습니다. 수라면 크기가 정해져 있어 점으로 표시되어야 하잖아요? 그러나 무한은 크기가 정해져 있지 않아 수직선 위에 점으로 찍히지 않습니다. 무한은 수 같은 분위기를 팍팍 풍기지만, 일반적인 수가 아니랍니다.

9 자연수와 정수

왜 자연수를 (양의) 정수라고 달리 부를까?

생각해보기

중학교 첫 수학 수업, 선생님이 1, 2, 3, 4를 쓰시네요.
그러고는 갑자기 양의 정수라고 말합니다.
분명히 초등학교에서는 자연수라고 배웠는데….
"왜 자연수를 (양의) 정수라고 달리 부를까요?"

✨ 이름은~ 하나인데~ 별명은 서너 개~

    우리가 친한 친구를 부를 때는 이름보다 별명을 부르는 경우가 많습니다. 더 재미있고 정감이 있어서 그렇죠. 별명마저도 하나가 아니라 서너 개인 경우가 흔합니다. 북한에 있는 금강산을 보세요. 계절마다 그 모습이 달라진다 하여 아예 계절마다 다른 이름이 있잖아요.

수학에서도 어떤 대상에 대한 이름이 달라지는 경우가 있습니다. 자연수가 대표적입니다. 사실 초등학교에서는 일부러 자연수라는 말 자체를 별로 쓰지 않습니다. 초등학교에서 배우는 수 하면 그게 바로 자연수를 뜻할 정도이니까요.

1, 2, 3, 4 … : 자연수 ⟶ 양의 정수

그런데 중학교 이후부터는 자연수를 양의 정수라고 부릅니다. 갑자기 이 말을 들으면 왠지 더 어렵게 느껴집니다. 하지만 걱정하지 마세요. 자연수나 양의 정수 모두 대상은 똑같습니다.

환경이 바뀌면 이름도 달라진다

　자연수와 양의 정수는 1, 2, 3, 4 같은 수를 부르는 서로 다른 이름입니다. 왜 그렇게 달리 부를까요? 달리 부르게 된 데에는 사연이 있을 겁니다. 친구를 이름 대신 별명으로 부르게 된 데에도 사연이 있는 것처럼요.

　여기 현서라는 친구가 있습니다. 집에서는 가족 모두가 현서라고 부를 겁니다. 그런데 친구들은 현서의 행동이나 모습을 보면서 인상적인 점을 꼽아서 별명으로 부릅니다. 김이 있어야만 밥을 먹는다 하여 '김밥'이라고 부르죠.

　사람 자체는 안 달라졌는데 '현서'가 갑자기 '김밥'이 되었습니다. 왜 그렇게 되었을까요? 현서를 둘러싸고 있는 사람들, 즉 환경이 달라졌기 때문입니다. 현서를 둘러싼 환경이나 관계가 달라져 '김밥'으로 불린 겁니다.

　환경이 달라지면 새로운 말이 생기고, 있던 말도 달라집니다. 한국인만 있는 세상이었다면, 한국인이라는 말이 필요 없었을 겁니다. 그런데 한국인이 아닌 사람이 등장하면 어떻게 될까요? 그러면 한국인과 한국인이 아닌 사람을 구별해 줄 필요가 생깁니다. 그렇게 해서 '한국인'과 '외국인'이라는 말이 새로 만들어지게 됩니다.

정수는 부분이나 조각이 없는 수이다

자연수는 맨 처음에 등장한 수였습니다. 자연수만 있던 시절에는 자연수라는 말 자체가 없었을 겁니다. 그냥 수였겠죠. 그러다가 나중에서야 자연수라고 불렸습니다. 자연에 있는 사물의 개수를 세면서 만들어진 수여서 붙은 이름이었습니다.

그런데 나중에 자연수와는 다른 수가 또 등장했습니다. 바로 $\frac{1}{2}$, $\frac{3}{4}$ 같은 분수였습니다. 분수라는 말은 분수를 만드는 방법으로부터 만들어졌습니다. 하나를 여러 개로 나눠서 만들어진 수이기에 분수라고 한 거죠.

이후에도 다양한 수가 등장하자 어떤 기준에 따라 수를 정리해야 할 필요성이 생겼습니다. 같은 수들끼리는 묶고, 다른 수들끼리는 서로 구별해 주게 된 거죠. <u>그때 분수를 자연수와 구별해 주게 됩니다.</u> 부분을 나타내는 분수는 자연수와 뭔가 다르잖아요. 그래서 등장한 말이 '정수'입니다. 어떤 기준으로 구별했길래 정수라는 이름이 탄생한 걸까요?

분수와 비교하면 가지런하니까 정수라고 말하자

정수는 한자로 **整數**(가지런할 정, 수 수)로, '가지런하게 정돈된 수'라는 뜻입니다. 뭐가 가지런하다는 걸까요? 3을 $3\frac{3}{4}$ 또는 3.5와 비교해 보세요. 3에는 $\frac{3}{4}$이나 0.5 같은 부분이나 조각이 없습니다. 가지런하게 딱 떨어지고 깔끔하죠.

하지만 분수와 소수에는 조각이나 부분이 있습니다. 가지런하지 않은 상태죠. 그래서 1, 2, 3처럼 조각이나 부분이 없고 통째인 자연수를 정수라고 달리 부른 겁니다. 그리고 자연수에 마이너스 부호를 붙인 수를 음의 정수라고 합니다. 그래서 정수는 양의 정수와 0, 음의 정수로 나뉩니다. 정수는 영어로 integer라고 하는데, 이 대신에 'whole(전체의, 완전체) number'라고도 합니다. 온전한 크기 전체에 해당하는 수라는 뜻입니다.

정수라는 말은, 자연수를 분수와 비교하면서 만들어졌습니다. 분수와 비교하여 자연수가 어떻게 다른가를 보고 붙여 준 말입니다. 자연수를 분수와의 관계 속에서 다시 본 거죠. 분수라는 친구들이 다시 붙여 준 말인 셈입니다.

10 플러스(+)와 마이너스(-)
혼자라서 쓸쓸해. 0에도 +0이나 -0이 있을까?

 생각 해보기

+1과 -1, +3과 -3, +$\frac{2}{3}$와 -$\frac{2}{3}$

어떤 수에도 +와 -, 2개의 부호가 붙습니다.

그런데 0은 그냥 0입니다.

"+0이나 -0은 없을까요?"

 **한쪽엔 플러스, 한쪽엔 마이너스**

    똑같은 사람이나 자연인데도 정반대의 모습을 보이는 경우가 있습니다. 우리 모습을 보세요. 천사처럼 남들에게 친절하다가도, 악마처럼 못된 말을 내뱉기도 합니다. 날씨는 또 어떻고요? 여름엔 무

엇이든 녹일 듯 뜨겁더니 어느 순간 겨울이 되면 오들오들 차갑습니다.

수학은 정반대 모습을 보이는 대상들을 훌륭하게 표현해 내는 마술을 보여 줍니다. 그게 바로 +3과 -3 같은 양수와 음수죠. 양수와 음수는 서로 반대되는 모습을 표현해 줍니다. 천사 같은 나, 뜨거운 여름 날씨는 +3으로 표현할 수 있습니다. 그렇다면 반대 모습인 악마 같은 나, 차가운 겨울 날씨는 -3으로 표현되겠죠.

보통 양수는 3처럼 + 기호를 따로 쓰지 않습니다. 그러니 생활할 때 쓰는 거의 모든 수는 양수입니다. 음수일 경우에는 양수와 구분되도록 - 기호를 꼭 붙여 주죠. 그래서 영하 5도를 -5°C로, 지하 3층을 -3층으로, 만 원의 손해를 -10,000원으로 표현합니다.

플러스도 마이너스도 없는 외톨이, 0

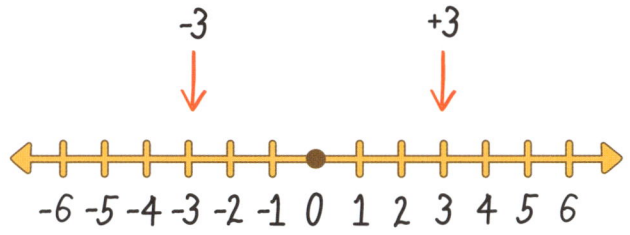

수직선에서 양수는 0의 오른쪽에 있고, 음수는 0의 왼쪽에 있습

니다. +3과 -3처럼 부호만 반대인 두 수는 0에서 떨어져 있는 거리가 똑같습니다. 대신 방향이 정반대죠. 그래서 0을 중심으로 수직선을 접으면 양수와 음수는 정확하게 딱 포개집니다. 양수와 음수가 정반대 성질이라는 걸 잘 보여 주죠.

그런데 +나 - 기호가 붙어 있지 않은 수가 딱 하나 있습니다. 0입니다. 0은 그냥 0이지, +0 또는 -0이 따로 존재하지 않습니다.

0에는 왜 +나 - 기호가 붙지 않을까요? 그건 0이 +와 -의 기준이기 때문입니다. 양수의 뜻 자체가 0보다 큰 수, 즉 0보다 오른쪽에 있는 수잖아요. 0보다 왼쪽에 있어 0보다 작은 수들은 음수이고요. 0은 양수와 음수의 기준이기에 0에는 +와 - 부호가 붙지 않습니다. 게다가 +0과 -0이 없어도 아무런 문제가 없어서 굳이 만들어 내지 않았습니다.

+0과 -0이 존재하지 않는다는 사실은 수직선을 보면 금방 알 수 있습니다. 수직선 그 어디에도 +0과 -0은 없습니다. +0이나 -0이라는 수 자체가 없기 때문이죠.

컴퓨터에는 +0과 -0이 있다!

0에 +나 - 부호를 붙여 준다면 어떻게 될까요? 그렇다면 모든 수에 부호가 붙어 있게 됩니다. 부호 앞에 모든 수는 다 평등해질 수 있잖아요?

그런데 +0과 -0이 이미 사용되고 있는 곳이 있습니다. **컴퓨터에서는 +0과 -0이 이미 사용되고 있답니다. 거기서는 부호가 없는 0이 사용되지 않습니다.** 우리와는 정반대입니다. 본 적이 없다고요? 네, 못 봤을 겁니다. 컴퓨터는 +0과 -0을 사용하지만, 우리한테는 그냥 0으로 표시해 주기 때문입니다.

컴퓨터에는 왜 +0과 -0이 있는 걸까요? 컴퓨터가 수를 표시하는 방식 때문입니다. **컴퓨터는 모든 수마다 부호를 같이 표시하게끔 되어 있습니다. 0을 제외한 모든 수에 부호가 있으니까, 모든 수마다 부호 칸을 미리 부여해 버렸습니다.** 0에도 부호 칸이 마련된 셈이니 +0이나 -0이 있는 겁니다.

컴퓨터는 수를 표기하는 방식이 다르다

컴퓨터는 사람과 다른 방식으로 수를 표시합니다. 사람은 0부터

9까지의 숫자를 사용하는 십진법을 사용하지만, 컴퓨터는 0과 1 단 2개의 숫자만 사용합니다. 이를 이진법이라고 하는데, 그래서 자릿값이 다릅니다.

    10진법은 10개씩 묶어 큰 자릿값을 만든다는 뜻입니다. 그래서 자릿값은 10배씩 커집니다. 자릿값이 1의 자리, 10의 자리, 100의 자리, 1000의 자리처럼 증가합니다. 반면 이진법은 2개씩 묶어 큰 자릿값을 만듭니다. 자릿값은 2배씩 커집니다. 자릿값이 1의 자리, 2의 자리, 4의 자리, 8의 자리처럼 증가하죠.

```
+0: 00000000              -0: 10000000
+1: 00000001              -1: 10000001
+2: 00000010(자릿값 증가)  -2: 10000010
+3: 00000011              -3: 10000011
+4: 00000100(자릿값 증가)  -4: 10000100
+5: 00000101              -5: 10000101
+6: 00000110              -6: 10000110
+7: 00000111              -7: 10000111
+8: 00001000(자릿값 증가)  -8: 10001000
+9: 00001001              -9: 10001001
+10: 00001010             -10: 10001010
```

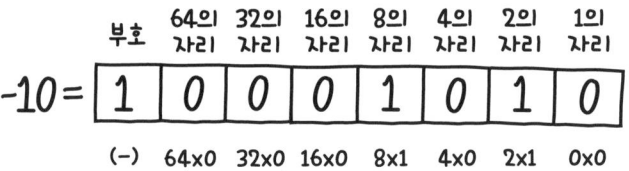

컴퓨터에서 +10부터 -10까지를 표현하는 방법을 예로 들었습니다. +2를 00000010, -3을 10000011처럼 표현했네요. 각 수의 맨 앞 칸에 있는 0은 +, 1은 -를 뜻합니다. 보다시피 모든 수마다 부호 칸을 미리 부여해 버렸죠? 그래서 0 대신에 +0과 -0이 있습니다.

인간은 0, 컴퓨터는 +0

인간은 수를 먼저 만들고 부호를 나중에 만들었습니다. 그래서 0만이 있죠. 그러나 컴퓨터는 수와 부호를 한꺼번에 만들어 버렸습니다. 그래서 +0과 -0이 있고, 그냥 0은 없는 겁니다. 재미있지 않나요? 0은 인간의 수를, +0은 컴퓨터의 수를 상징하는 것 같습니다.

우리가 직접 사용하지는 않지만, 우리 생활에 밀접한 영향을 주는 컴퓨터에서는 +0과 -0이 사용되고 있다는 걸 기억해 두세요. 인공지능 기술이 좀 더 발전한다면 혹시라도 +0이나 -0이 인간의 세계로 넘어오게 될지도 모르잖아요. 그렇더라도 인간이 만들어 낸, 부호 없는 0이 있다는 사실도 같이 간직하고요.

11 양수와 음수

-10kg처럼 음수 무게를 가진 사물은 없을까?

참새의 몸무게는 보통 24g,
핸드폰의 무게는 대략 200g 안팎,
초등학교 6학년 남학생의 평균 몸무게는 49kg입니다.
"그런데 -10kg처럼 음수 무게도 가능할까요?"

 **몸무게는 늘 0보다 크다**

혹시 집에 눈금 체중계가 있다면, 체중계의 눈금을 한번 확인해 보세요. 0kg을 수직선의 기준이라고 생각하겠습니다. 0의 오른쪽에

는 우리가 배운 대로 양의 숫자들이 쓰여 있습니다. 그럼 0의 왼쪽에는 수직선처럼 음수가 쓰여 있을까요? 아무것도 없거나 100 이상의 숫자가 쓰여 있는 경우일 겁니다. 모든 생물의 몸무게는 0보다 더 크기 때문이죠.

생물들의 몸무게는 다양합니다. 참새처럼 몇 그램에 불과한 작은 동물도 있고, 고래처럼 200톤 가까이 나가는 큰 동물도 있습니다. 우주 어딘가에는 고래보다도 몸무게가 훨씬 많이 나가는 생물이 있을지도 모르죠.

몸무게가 작든 크든, 모든 생물의 몸무게는 0보다 더 큽니다. 당연한 이야기겠죠. 살아 있다는 건 몸을 갖고 있다는 거고, 몸을 갖고 있으면 당연히 몸무게가 나갈 테니까요. 개미든 벼룩이든 아무리 작아도 0보다 큰 몸무게를 갖습니다.

어떤 것이든 존재하는 거라면 질량이나 무게를 갖습니다. 질량이나 무게가 원자처럼 아주 작을 수는 있어도, 0보다 작을 수는 없습니다. 가장 작은 질량을 가진 건 빛의 입자인 광자인데, 그 질량은 0입니다. 무게가 0보다 작다는 건 아예 존재하지 않는 것으로 생각해 버립니다.

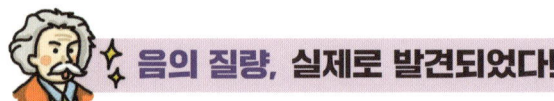

음의 질량, 실제로 발견되었다!

정말 어떤 물체가 -10kg처럼 0보다 작은 질량이나 무게를 가질 수는 없을까요? 양수 질량에 익숙한 사람이라면 '그런 일은 절대 없다'고 딱 잘라 말할 겁니다. 말이 안 되는 것 같으니까요. 그래도 약간의 가능성을 남겨 두는 센스를 발휘해 주세요. 상상 이상의 일이 버젓이 일어나는 신기한 세상이잖아요.

<u>2017년, 미국에서는 놀라운 발견이 있었습니다. 바로 질량이 음수인 물질이 발견된 것이죠!</u> 당시 과학자나 언론은 음의 질량(negative mass)이라는 표현을 써 가며 놀라워했습니다. 음의 질량이나 무게는 이미 존재했던 겁니다. 우리가 몰랐을 뿐이죠. 도대체 어떤 물질이기에 음의 질량을 가진 물질이라고 한 걸까요?

어떤 물질이길래 음의 질량을 가졌을까?

보통 물체들은 힘을 주는 방향으로 움직입니다. 공을 차면 찬 방향으로 멀리 날아가다가 땅에 떨어지죠. 찬 힘에 의해 날아가다가, 지구가 중력이라는 힘으로 그 공을 끌어당기기 때문에 떨어진 거죠. 영화에서 장풍을 쏘면 상대가 멀리 나가떨어지는 것도, 물체가 힘의 방향대로 움직이기 때문입니다.

그런데 2017년에 발견된 그 물질은 정반대로 움직였습니다. 밀었더니 멀어지는 게 아니라 더 다가오는 거였죠. 과학자들은 실험실에서 루비듐이라는 물질을 절대영도[1]에 가까울 정도로 차갑게 응축시켰습니다. 그리고 레이저를 쏘아 회전시킨 후 밀었어요. 그랬더니 레이저가 나가는 방향으로 튕겨 나가지 않고 오히려 더 가까이 다가왔답니다. 힘의 방향으로 움직인 게 아니라, 힘의 반대 방향으로 움직인 거죠. 장풍을 쏘니까 더 가까이 다가와 버린 셈입니다. 참 이상한 물질이죠?

반대로 움직이니까 음의 질량이다

지하 5층은 -5층, 영하 10도는 -10℃, 손해 만 원은 -10,000원으로 표현됩니다. 음수인데도 모두 크기가 있습니다. 다만 성질이 반대일 뿐이죠. 지하는 지상과 반대이고, 영하는 영상과 반대이고, 손해는 이익과 반대입니다.

음수도 양수처럼 크기를 가집니다. 다만 양수로 표현되는 크기와 성질이 반대입니다. 그러니까 성질이 반대인 크기라면 얼마든지

---

[1] 절대영도: 입자의 온도가 최소가 되는, 이론적으로 존재할 수 있는 가장 낮은 온도

양수와 음수로 표현될 수 있습니다. 내 모습이 양수라면, 거울에 반대로 비친 내 모습은 음수입니다. 음수라고 해서 크기가 없다고 생각하면 안 됩니다.

이제 왜 그 이상한 물질의 질량을 음수로 표현했는지 알겠죠? **그 이상한 물질은 분명 크기를 가졌지만, 보통 물질과 반대 방향으로 움직였잖아요. 그러니까 새로 발견된 그 물질의 질량을 음수로 표현한 겁니다.** 힘의 방향대로 움직이는 기존의 물질은 양의 질량을 가진 거라고 하면 됩니다. 수학적으로는 아무런 문제가 없습니다.

무게가 양수인지 음수인지를 정하는 기준으로 꼭 힘에 대해 움직이는 방향을 설정하지 않아도 됩니다. 그렇게 하자고 공식적으로 합의한 것도 아닙니다. 모든 물질을 정반대되는 2개의 그룹으로 나눌 수 있는 기준이나 성질이면 됩니다. 그럼 한쪽 물질의 질량을 양수, 반대쪽 물질의 질량을 음수로 표현하면 되는 거죠. 그런 기준이 있을 것 같다고요? 상상 이상의 일은 버젓이 일어난다고 했으니, 이 참에 한번 찾아보는 건 어떨까요?

교과서를 깨고 나온 수학

PART 2

3-5=-2

작은 수에서 큰 수를 뺄 생각을 왜 했을까?

나눗셈 구구단도 있을까?

연산

5×2-12

3+4=4+3

왜 곱셈과 나눗셈을 먼저 할까?

12 등호의 의미

1+1=2, 생김새가 다른데 무엇이 같다는 걸까?

1 + 1 = 2

우리는 1+1=2라고 배워 왔습니다.
그러나 1+1과 2는 모양도 구성 요소도 다릅니다.
"그럼 무엇이 같다는 걸까요?"

수학은 등호를 따라가는 여행

수학을 공부할 때 가장 많이 쓰는 기호 중 하나는 등호(=)일 겁니다. **등호는 이것과 저것, 이쪽과 저쪽이 같다고 말해 줍니다.** 수끼리 더하고 곱할 때도, 도형의 넓이나 성질을 다룰 때도 항상 등호가 따라다닙니다. 그 등호를 따라가며 계산하다 보면 결국 답이 나옵니다.

$$3+4\times5-10\div2$$

혼합계산 문제인데, 등호가 하나도 없네요. 하지만 문제에서 구하라고 하는 값은, 그 식과 같은 값입니다. 그 식과 등호로 연결할 수 있는 어떤 값을 구하라는 뜻이죠. 다음과 같이 풀어 갑니다.

$$3+4\times5-10\div2 = 3+20-5$$
$$= 23-5$$
$$= 18$$

없던 등호가 풀이 과정에서 등장했습니다. 그러면서 답을 알아내기 위한 풀이가 시작되었습니다. 그렇게 등호를 따라가니 답이 나왔네요. 문제를 풀어 가는 과정은 등호를 따라가는 여행과 같습니다. 올바른 길을 가다 보면 목적지에 도달하듯이, 등호라는 길을 올바로 따라가다 보면 결국 정답을 얻게 됩니다. 문제를 더 이상 못 풀겠다는 것은, 더 이상 등호를 연결하지 못한다는 말과 같죠.

생김새가 다른데 뭐가 같다는 거지?

등호(=)가 들어간 식이 등식입니다. 수학에서 가장 간단하면서도 유명한 등식은 1+1=2일 겁니다. 누구나 다 아는 아주 쉬운 등식이죠. 하지만 이 등식으로부터 복잡하고 어려운 수학도 만들어졌습니다. 1+1=2 덕분에 2+3=5 같은 다른 덧셈도, 5-3=2 같은 뺄셈도, 2+2+2=2×3 같은 곱셈이나 6÷2=3 같은 나눗셈도 등장했습니다.

그런데 1+1=2라는 등식을 보면서 좀 이상하다고 느껴 본 적 없나요? 등호는 왼쪽과 오른쪽이 같다는 건데, 자세히 보면 왼쪽과 오른쪽이 다르잖아요. **왼쪽 '1+1'에는 2개의 1과 + 하나가 있고, 오른쪽에는 그냥 2뿐입니다. 생긴 것도, 각각을 구성하고 있는 요소도 다르죠. 그런데도 1+1=2라고 했습니다.**

1+1과 2를 동영상으로 만든다면 더 달라 보입니다. '1+1'은 피자 한 판에 피자 한 판을 추가로 주문한 상황입니다. 하지만 '2'는 그렇지 않습니다. 맨 처음에 피자 두 판을 바로 주문한 상황입니다. '1+1'의 동영상과 '2'의 동영상은 상황과 과정이 다르잖아요.

그런데도 수학은 1+1=2라고 합니다. 그리고 그 등식을 출발점으로 삼아서 더 복잡한 수학을 전개해 왔습니다. 그러므로 1+1=2라는 등식이 무슨 뜻인지를 정확히 이해해야 합니다.

같음에는 어떤 기준이 있다

강아지 세 마리가 있습니다. 지나가다 처음 본 사람 눈에는 이 강아지나 저 강아지나 같게 보일 겁니다. 하지만 쭉 같이 생활해 온 사람의 눈에는 다 달라 보입니다. 털의 색깔이라든가, 점의 위치라든가, 귀 모양새 등이 어떻게 미묘하게 다른지 알기 때문이죠.

우리가 두 대상이 같다고 말할 때, 무조건 모든 게 같다는 걸 뜻하지는 않습니다. 자신이 생각하는 기준이 같으면 같다고 합니다. 이 강아지와 저 강아지가 다르다는 걸 알지만, 대략적인 모양과 특징만 같다면 똑같이 생겼다고 합니다. 남녀평등도 남녀가 인간이라는 기준에서 같기 때문에 권리가 평등하다는 것이지, 남녀의 생김새가 완전히 같다는 뜻이 아니잖아요?

등호는 최종 크기만 본다

수학의 등호에도 같다고 보는 기준이나 조건이 있습니다. 그것만 같으면 나머지가 달라도 같다고 보는 겁니다. 그게 뭘까요?

등호가 관심을 두는 기준은, 이쪽과 저쪽의 최종적인 값입니다. 다 계산하고 난 다음의 값이 같다면, 생긴 게 달라도 같다고 합니다. 다 계산했다고 할 경우의 수만 봅니다.

1+1은 하나에 하나를 더한 것이지만, 최종적인 크기는 2입니다. 그래서 1+1=2라고 하는 겁니다. 2×3은 2+2+2의 뜻이니 다 더하고 나면 6이죠? 그래서 2×3=6입니다. 그런데 3×2 역시 계산하면 6이죠. 3×2의 결과나 2×3의 결과나 같습니다. 따라서 2×3=3×2라고 합니다.

등호는 이쪽과 저쪽에 어떤 수들과 기호가 있는가를 보지 않습니다. 그 수들의 계산 과정도 보지 않습니다. 오직 계산 과정을 거치고 난 최종적인 결괏값만 봅니다. 모든 일이 끝날 때까지 서두르지 않고 가만히 기다릴 뿐입니다.

어떤 수나 식의 최종적인 결괏값, 그것이 등호의 유일한 관심사이자 기준입니다. 최종적인 값만 같으면 이쪽과 저쪽을 등호로 연결해 줍니다. 그렇기에 아무리 수를 더하고 쪼개며 바꿔 봐도, 등호는 눈 하나 깜

짝하지 않고 같다고 인정해 줍니다. 변함없는 마음으로 바라봐 주죠. 우리도 등호로부터 그런 태도를 배워야겠습니다.

$$2+3 = 5 = 1+1+1+1+1 = 2+1+1+1$$
$$= 2+2+1 = 3-1+2-1+1-1+2 = \cdots$$

$$16+7-9 = 16+(4+3)-9$$
$$= 20+3-(3+6)$$
$$= 20+(3-3)-6$$
$$= 20-6$$
$$= (10+10)-6$$
$$= 10+(10-6)$$
$$= 10+4$$
$$= 14$$

13 뺄셈과 음수

3-5처럼 작은 수에서 큰 수를 뺄 생각을 왜 했을까?

5-3은 사과 5개에서 3개를 먹은 겁니다.
그럼 3-5는, 사과 3개에서 5개를 먹은 걸까요?
"작은 수에서 큰 수를 뺄 생각을 왜 했을까요?"

 **꼭 5개 중에서 3개만 먹으래요, 뺄셈의 기본**

뺄셈을 어떤 식으로 배웠나요? '접시 위에 빨갛게 익은 딸기 5개가 있는데 3개를 먹어 버렸다면 몇 개가 남았을까?' 이런 식이었을 겁니다. 꼭 과일이나 과자, 피자처럼 먹고 싶은 걸로 예를 들어서 곤란하게 하죠. 먹을 생각을 하다가 공부하는 데 집중하지 못하는 사태

가 발생하곤 하잖아요.

　보통 덧셈은 개수를 더하는 것이고, 뺄셈은 개수를 빼는 것으로 설명합니다. 익숙한 실제 물건과 상황으로 설명하기 때문에 이해가 쏙쏙 됩니다. 그 결과 5+3=8처럼 덧셈을 하면 답은 더 커지고, 5-3=2처럼 뺄셈을 하면 답은 더 작아지죠.

3-5, 작은 수에서 큰 수를 뺀다면?

　그런데 수학을 하다 보면 조금 어색한 경우를 마주치게 됩니다. 3-5처럼 작은 수에서 큰 수를 빼야 하는 경우입니다. 3개에서 5개를 뺀다는 건데, 생각해 보면 말이 잘 되지 않습니다. 3개에서 3개까지 뺄 수는 있어도 5개를 뺄 수는 없는 일이잖아요.

　3-5를 사물의 개수를 빼는 식으로 생각한다면 답은 0일 것 같지 않나요? 3개에서 3개를 빼나 5개를 빼나 남는 건 하나도 없으니까요. 그래서 3-5=0인 것 같다는 겁니다. 하지만 그럴 경우 3-5나 3-6이나 3-100이나 모두 답이 같아져 버리죠.

$$3-5 = 3-6 = 3-100 = 0?$$

　만약 이 식이 성립한다면 큰 문제가 발생합니다. 5가 6이나 100

또는 다른 수와 모두 같아져 버리거든요. 5-3=2라는 뺄셈식이 있다고 해 보세요. 그러면 5-2=3이라는 식도 성립합니다. 그 관계는 모든 뺄셈식에서 성립합니다.

$$5-3=2 \xrightarrow{\text{뺄셈식에서의 관계}} 5-2=3$$

이 관계를 3-5=0 / 3-6=0 / 3-100=0에 적용해 보면 아래와 같이 됩니다.

$$3-5=0 \qquad 3-0=5$$
$$3-6=0 \longrightarrow 3-0=6$$
$$3-100=0 \qquad 3-0=100$$

> 5=6=100이라니, 안 돼!

위 식을 정리해 보면 3=5, 3=6, 3=100 즉 3=5=6=100이 됩니다. 모든 수가 다 같아지는 거죠. 그러나 모든 수가 같을 수는 없습니다. 모든 수는 달라야 합니다. 그러므로 3-5의 답을 0이라고 하면 안 됩니다. 3-5의 답과 3-6의 답도 서로 달라야 합니다.

이 문제를 해결해 준 게 음수였습니다. 3-5=-2 / 3-6=-3 / 3-100=-97로 적으면 모든 문제가 말끔히 해결되죠. 단 수나 뺄셈의 뜻을 달리해야 합니다. 사물의 크기였던 수는 수직선에 표시되는 점의 위치가 됩니다. 3-5란 3개에서 5개를 빼는 게 아니라, 수직선의 3에서 왼쪽으로 5만큼 이동하는 것이 되고요. 그렇게 해서 음수를 도입하면, 작은 수에서 큰 수를 뺄 수 있습니다.

3-5, 왜 굳이 만들었을까?

3개에서 5개를 뺄 수는 없습니다. 아무리 똑똑한 수학자가 와도 그럴 수는 없죠. 그러므로 3개에서 5개를 뺀 값을 구하기 위해 3-5를 생각하지는 않았을 겁니다. 그런데도 왜 굳이 3-5를 하려고 했을까요?

현재 맛 좋은 딸기 10개를 수확했습니다. 주위의 딸기농장 이웃들끼리 딸기를 나눠 먹느라 그 상태에서 3개를 더 받고, 5개를 주고, 다시 또 9개를 받고, 4개를 또 주고, 마지막으로 6개를 더 받았다고 해 보세요. 이때 늘어나거나 줄어든 딸기의 개수를 계산하려고 합니다. 그 식은 이렇게 됩니다.

$$3-5+9-4+6$$

위 식의 답이 변동된 딸기의 개수입니다. 답만 본다면 어려울 것도 없는 덧셈과 뺄셈 문제에 불과합니다. 하지만 개수를 빼는 방식의 뺄셈만 사용하던 옛날에는 맨 앞의 3-5를 계산할 수 없었습니다. 그래서 수의 배치를 바꿔서 계산해야 했습니다. 다음과 같이 말이죠.

$$3-5+9-4+6 = 3+9+6-5-4 = 18-9 = 9$$

위처럼 계산 과정에서 3-5와 같이 작은 수에서 큰 수를 빼야 할 경우가 있다면, 식의 배치를 바꾸며 번거롭게 풀어야 했죠. 간단한 식도 이렇게 해야 한다니, 머리가 아프지 않나요?

3-5 해결의 일등공신, 음수

식의 배치를 바꾸는 번거로움을 피하려면 어떻게 해야 할까요? 3-5처럼 작은 수에서 큰 수를 빼는 뺄셈을 바로 처리하면 됩니다. 그러면 수의 순서에 상관없이 바로바로 계산할 수 있습니다. 그래서 음수가 등장한 겁니다.

$$3-5+9-4+6 = (3-5)+(9-4)+6 = -2+5+6 = 3+6 = 9$$

3-5처럼 작은 수에서 큰 수를 빼야 하는 뺄셈은 계산의 과정에

서 등장했습니다. 3개에서 5개가 줄어든 물건의 개수를 구하려고 한 게 아닙니다. **계산을 하다 보니, 작은 수에서 큰 수를 빼야 하는 경우가 발생했던 겁니다**(실제로는 방정식이라는 걸 풀어내는 과정에서였습니다). 그 경우의 계산 결과를 표시하기 위해 고안해 낸 게 음수였습니다.

처음에는 음수를 진짜 수라고 생각하지도 않았습니다. 조금 이상한 계산의 답을 임시로 적어 놓은 기호 정도로만 생각했죠. 하지만 그 음수가 지금은 너무도 자연스러운 수로 인정받아 아주 유용하게 사용되고 있습니다. 그러니 음수를 이상한 공식이라 생각하지 말고, 수학 문제를 쉽게 풀도록 해 준 고마운 친구라고 생각해 주세요!

사칙연산과 구구단
14 나눗셈 구구단도 있을까?

9×1=9, 9×2=18 ··· 9×8=72, 9×9=81
구구단입니다.
구구단은 곱셈만 있는 걸까요?
"나눗셈 구구단도 있을까요?"

 **구구단을 외우자, 구구단을 외우자**

구구단 때문에 엄마아빠한테 칭찬이나 꾸지람을 받은 적이 한 번쯤은 있죠? 수학 하면 구구단을 떠올릴 정도로, 구구단은 수학의 상징 같습니다. 구구단으로부터 수학이 시작되는 느낌이랄까요?

그런데 왜 구구단이라고 할까요? '구구 팔십일(9×9=81)'로 끝나기 때문입니다. '이일은 이(2×1=2)'로 시작하는 2단부터 3단, 4단으로 하나씩 올라가 9단에서 끝이 나죠.

구구단을 외우는 이유는 곱셈을 빨리하기 위해서입니다. 735×28을 한다고 해 보세요. 곱셈을 총 여섯 번(5×8, 3×8, 7×8, 5×2, 3×2, 7×2) 해야 합니다. 만약 곱셈이 나올 때마다 곱셈의 정의에 따라서 5×8=5+5+5+5+5+5+5+5처럼 계산한다면 시간도 많이 걸리고 복잡해집니다. 그래서 곱셈에서 나올 수 있는 경우의 수를 표로 만든 게 구구단이죠. 그것만 외워 버리면 곱셈을 빨리할 수 있답니다. 우리나라에서 2011년에 놀랍게도 구구단이 기록된 백제 시대의 목간이 발굴되었죠! 옛 선조들도 우리처럼 구구단을 달달 외우지 않았을까 싶군요.

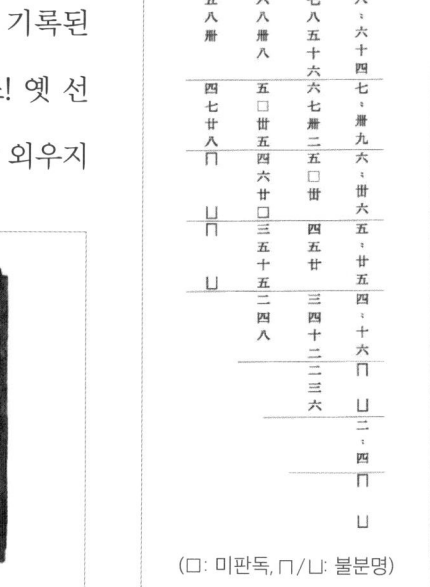

백제 구구단 목간과 판독 결과(출처: 한국문화재재단)

구구단은 곱셈구구

곱셈 기호(×)의 앞과 뒤에 올 수 있는 수는 0부터 9까지입니다. 10개의 숫자가 곱셈 기호의 앞과 뒤에 올 수 있어요. 곱셈에서 만나게 되는 수들의 경우의 수는 총 10×10=100입니다. 서로 다른 100개의 곱셈이 가능한 거죠.

하지만 굳이 외우지 않아도 되는 게 있습니다. 0단과 1단 그리고 2×0이나 3×0처럼 각 단에서 0을 곱하는 경우입니다. 0단은 답이 모두 0이고, 1단의 답은 원래 수가 됩니다. 각 단에서 0을 곱한 것 또한 0이고요. 이런 곱셈을 굳이 외울 필요는 없습니다.

0단: 0×0=0, 0×1=0, 0×2=0 ⋯ 0×8=0, 0×9=0
1단: 1×0=0, 1×1=1, 1×2=2 ⋯ 1×8=8, 1×9=9
각 단에서 0 곱하기: 2×0=0, 3×0=0 ⋯ 8×0=0, 9×0=0

곱셈이 쉬워서 굳이 외우지 않아도 되는 건 제외했습니다. 그리고 남은 게 지금 우리가 외우는 구구단이랍니다. 곱셈을 빨리하기 위한 구구단이므로 곱셈구구라고 합니다.

덧셈, 뺄셈, 나눗셈을 위한 구구단은?

그런데 연산에는 곱셈만 있는 게 아닙니다. **다른 연산도 있습니다. 그러니까 덧셈 구구단, 뺄셈 구구단, 나눗셈 구구단도 있어야 합니다.** 그런데도 우리는 곱셈 구구단만 외우죠. 그것도 곱셈 구구단이라고 말하지 않고 그냥 구구단이라고 합니다. 그게 구구단의 전부인 것처럼 말이죠. 다른 연산에 대한 구구단은 언급조차 하지 않아요.

덧셈 구구단, 뺄셈 구구단, 나눗셈 구구단은 두 수가 만날 수 있는 경우마다의 덧셈값, 뺄셈값, 나눗셈값을 알려 줄 겁니다. 그러면 계산을 더 빨리 할 수 있겠죠. 그런데도 왜 다른 셈의 구구단에 대해서는 이야기조차 하지 않는 걸까요? 우리라도 지금 이야기해 보죠.

곱셈 구구단 하나면 충분하다

덧셈 구구단이라면 0+0, 0+1, 0+2부터 시작할 겁니다. 9+8, 9+9에서 끝이 날 거고요. 이 결과를 굳이 외울 필요가 있을까요? 덧셈에 서툰 사람이라면 외워야겠지만, 어지간한 사람은 덧셈을 수월하게 해냅니다. 굳이 외우지 않아도 됩니다.

뺄셈 구구단은 0-0, 0-1부터 시작해 9-8, 9-9에서 끝이 나겠죠? 계산한 값만 보자면 0-0=0, 0-1=-1부터 9-8=1, 9-9=0입니다. 실제로 해 보면 –9부터 9까지가 됩니다. 뺄셈 역시 어렵지 않아 즉석에서 해낼 수 있습니다. 게다가 옛날에는 음수 자체를 잘 다루지도 못했습니다. 계산을 전문적으로 하는 사람들 정도나 알고 있었죠.

마지막 나눗셈 구구단은 0÷0, 0÷1부터 시작해서 9÷8, 9÷9에서 끝납니다. 그 값을 계산해 보려고 했더니 시작부터 어려운 게 나오네요. 0을 나누거나 0으로 나누거나 해야 합니다. 지금도 어려워하는 0이 포함된 나눗셈입니다. 0이 포함된 나눗셈이 아닐 경우, $3÷4=\frac{3}{4}$이나 $8÷9=\frac{8}{9}$처럼 나눗셈은 분수로 적어 버리면 끝입니다. 아니면 몫과 나머지를 따로 적어야만 하죠. 게다가 나눗셈의 경우 36÷4=9, 100÷5=20처럼 큰 자연수에 대한 나눗셈이 더 유용합니다.

원래대로라면 구구단은 4개가 있어야 합니다. 하지만 막상 들여다보면 **덧셈이나 뺄셈, 나눗셈에 대한 구구단은 굳이 필요하지 않네요. 잘 안 되는 경우도 있고, 따로 외우지 않아도 될 정도로 쉽기 때문입니다.** 그래서 오직 곱셈 구구단만 외우는 겁니다. 따로 구분해 줄 필요도 없어서, 곱셈이라는 말을 떼고 그냥 구구단이라고 하죠.

15 혼합계산 순서

곱셈 나눗셈아, 새치기하지 마!
왜 곱셈과 나눗셈을 먼저 할까?

 생각 해보기

$$3+5\times2-12\div4=?$$

 이걸 풀으라고?

3+5×2-12÷4의 답은 무엇일까요?

순서대로 하면 1이고, 곱셈과 나눗셈을 먼저 하면 10입니다.

어느 게 맞을까요?

"왜 곱셈과 나눗셈을 먼저 해야 할까요?"

 **늦게 왔는데 새치기라니? 곱셈과 나눗셈을 먼저**

$$3+5\times2-12\div4 = 3+10-3 = 10$$

덧셈, 뺄셈, 곱셈, 나눗셈이 한자리에 있다니, 마치 수학 종합 선물세트 같군요. 사칙연산이 혼합되어 있는 혼합계산 문제네요. 학교

PART 2. 연산　　95

에서 우리는 이런 문제를 앞에서부터 차례차례 풀면 안 된다고 배웠죠. 사칙연산이 섞여 있을 때는, 곱셈과 나눗셈을 덧셈이나 뺄셈보다 먼저 해야 합니다. 앞에서부터 차례차례 풀어 가면 답이 어떻게 나오길래 그럴까요?

3+5×2-12÷4 = 8×2-12÷4 = 16-12÷4 = 4÷4 = 1 → (앞에서부터)
3+5×2-12÷4 = 3+10-3 = 10 → (곱셈과 나눗셈부터)

앞에서부터 풀었더니 답이 1입니다. 곱셈과 나눗셈을 먼저 푼 답인 10과 다르네요. 그럼 어느 게 맞을까요? 수학은 10의 손을 들어 줍니다. 10이 정답입니다.

앞에서부터 하면 틀리는 혼합계산

수학에서는 왜 곱셈과 나눗셈을 먼저 해야 할까요? 알아보기 위해 갖가지 물건들을 파는 마트로 가 보겠습니다. 둘러보다가 좋아하는 과자 3개를 샀습니다. 그리고 잠시 후 맛있는 단팥빵을 발견했습니다. 2개를 사려고 하는 순간 가족들이 생각났습니다. 그래서 1명당 2개씩, 총 4명이 먹을 수 있도록 8개를 샀습니다. 그럼 마트에서 구입한 물건은 총 몇 개일까요? 그걸 곱셈 기호를 적용하여 쓰면 아래와 같습니다.

3+2×4

순서대로 계산한다면 위 문제의 답은 3+2×4=5×4=20입니다. 하지만 실제로 구입한 것은 과자 3개와 단팥빵 8개이니까 총 11개입니다. 답이 11이 되려면 어떻게 해야 할까요? 2×4를 먼저 계산하면 됩니다. 3+2×4=3+8=11인 것이죠.

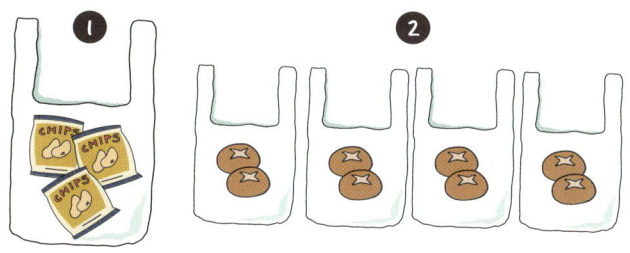

단팥빵 개수 먼저 계산해야지!

혼합계산 문제는 푸는 순서에 따라 답이 달라집니다. 그러니 순서에 관한 규칙을 정해 둬야 합니다. 그 규칙이 바로 곱셈과 나눗셈을 먼저 하라는 겁니다(3×4÷6처럼 곱셈과 나눗셈이 연속으로 이어질 때는 앞에서부터 순서대로 하면 됩니다). 괄호가 있다면 괄호를 더 먼저 해야 하고요. 괄호도 소괄호, 중괄호, 대괄호 순서대로 풀어야 합니다.

계산 순서 : 괄호 > 곱셈과 나눗셈 > 덧셈과 뺄셈

연산 간의 관계를 알면 이유가 보인다

그러면 왜 혼합계산에서 곱셈과 나눗셈을 꼭 먼저 해야 할까요? 덧셈이나 뺄셈을 먼저 해도 되는데도 곱셈과 나눗셈을 먼저 하자고 한 게 아닙니다. 앞에서 봤듯이 곱셈과 나눗셈을 꼭 먼저 해야만 합니다.

덧셈, 뺄셈, 곱셈, 나눗셈을 묶어서 사칙연산이라고 합니다. 그렇게 말하면 4개의 연산이 완전히 다른 연산 같은 느낌이 듭니다. 그런데 사칙연산은 완전히 서로 다른 연산이 아닙니다. 서로 연결되어 있죠. 덧셈과 곱셈, 뺄셈과 나눗셈은 특별한 관계에 있습니다. 그 관계를 이해하면 왜 곱셈과 나눗셈을 먼저 해야 하는가를 자연스럽게 이해하게 된답니다.

곱셈과 나눗셈은 덧셈과 뺄셈의 다른 표현

곱셈이 뭐였죠? 같은 수를 반복해서 더하는 것입니다. 3을 네 번 반복해서 더하는 3+3+3+3을, 3×4라는 곱셈으로 표현합니다. 덧셈을 반복해서 적기 불편하니까 그렇게 약속을 해 버린 거죠. □×△는, □라는 수를 △번 더한다는 뜻입니다. 그래서 3×4의 값을 알려면 3×

4를 원래 모습인 3+3+3+3으로 바꿔 줘야 합니다. 그러면 12라는 답을 얻게 됩니다.

나눗셈은 전체를 같은 크기로 나누는 겁니다. 6÷2는 6개를 2개씩 나눠줄 때 몇 묶음이 되는가를 묻습니다. 그러면 묶음이 3개입니다. 그래서 6÷2=3입니다.

6÷2와 같은 나눗셈은 반복적인 뺄셈과 같습니다. 6개에서 2개를 몇 번 빼야 0이 되는가를 묻는 게 6÷2인 겁니다. 6-2-2-2=0이므로 6÷2=3입니다. 그렇게 나눗셈은 뺄셈과 연결됩니다. 전혀 다른 계산이 아닙니다. 6÷2라는 식 자체가 하나의 묶음입니다. (6÷2)처럼 괄호가 쳐진 것과 같습니다. 그래서 실제로 나눗셈을 하려면 뺄셈으로 바꾸거나, 6÷2=6×$\frac{1}{2}$처럼 나눗셈을 역수의 곱셈으로 바꿔 먼저 계산해 줘야 합니다.

곱셈과 나눗셈, 먼저 해야겠네!

3+2+2+2+2 → 3+2×4
특별한 덧셈과 뺄셈   곱셈과 나눗셈

연산의 출발은 덧셈과 뺄셈입니다. 그런데 덧셈과 뺄셈을 하다 보면 특정한 수를 반복해서 더하거나 빼는 경우가 발생합니다. 그 경우를 간단히 줄여 표현한 것이 곱셈과 나눗셈입니다. 곱셈과 나눗셈은 덧셈과 뺄셈의 다른 표현입니다.

$$3+2\times4 \rightarrow 3+2+2+2+2=11$$

곱셈과 나눗셈의 값을 알려면, 곱셈과 나눗셈을 덧셈이나 뺄셈으로 다시 바꿔 줘야 합니다. 그래야 계산할 수 있습니다. **곱셈과 나눗셈을 원래의 덧셈이나 뺄셈으로 먼저 바꿔 준다는 건, 곱셈과 나눗셈을 먼저 계산한다는 것과 같습니다.** 그래서 혼합계산에서는 곱셈과 나눗셈을 덧셈과 뺄셈보다 먼저 해야 합니다. 근거 없는 약속이 아니라, 매우 자연스러운 약속이죠. 뭐든 이해 못한 채 보면 이상하고, 이해하고 보면 자연스러운 법 아니겠어요?

16 연산의 법칙
3+4가 4+3과 다르면 무슨 일이 일어날까?

당연하지! 어쩌라고?

3+4=4+3

3+4도 7이고, 4+3도 7이니 당연합니다.
이걸 왜 굳이 말해 주는 걸까요?
"3+4가 4+3과 다르다면 큰일이라도 날까요?"

 **3+4=4+3, 누가 모르나?**

    너무 당연한 사실인데도 대단한 것처럼 떠벌려지는 경우가 종종 있죠? 3+4=4+3이라는 사실도 그런 경우가 아닌가 싶습니다. 3에다가 4를 더하는 것이랑, 4에다가 3을 더하는 것이 같다는 걸 모르는

PART 2. 연산 101

사람도 있을까요?

$$3+4=4+3$$

이런 사실은 초등학교 교과서에서 덧셈을 배울 때 등장합니다. 스치듯 지나가지도 않고 따로 강조해서 알려 줍니다. 그걸 공부했던 게 기억나나요? 아마 기억도 못할 겁니다. 너무 당연해 배울 때도 별로 신경 쓰지 않았을 거니까요.

하지만 원숭이에게는 이 사실이 무척 중요했나 봅니다. 음식을 아침에 3개 저녁에 4개를 주겠다고 하니까 싫어했고, 아침에 4개 저녁에 3개를 주겠다니까 좋아했다 하잖아요. 얄팍한 꾀로 남을 속인다는 뜻의 '조삼모사(朝三暮四)'라는 이야기에서 등장하는 원숭이입니다. 그 원숭이는 3+4=4+3이라는 간단한 사실을 몰랐나 봅니다(아니면 아침식사를 더 거하게 먹고 싶어 했을 수도 있겠죠).

그런데 왜 3+4=4+3이라는 사실을 굳이 강조했을까요? 지금이라도 그 이유에 대해서 생각해 보죠.

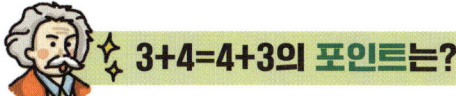

3+4=4+3에서 강조하는 사실이 무엇일까요? 아마 3과 4의 합은 4와 3의 합과 같다는 거라고 생각할 겁니다. 계산에서 중요한 건 계산의 결괏값이 얼마인가를 알아맞히는 거잖아요. 하지만 여기서 강조하는 포인트는 그게 아닙니다. 계산해 보면 다 아는데 겨우 그걸 말해 주려고 따로 설명하겠어요? 다른 이유가 있어서 그러는 거랍니다.

3+4=4+3에서 강조하는 건, 위치의 변화입니다. 3+4는 3에다가 4를 더하는 것이고, 4+3은 4에다가 3을 더하는 거죠. **덧셈의 순서가 뒤바뀌어 있습니다. 그래도 그 답은 똑같습니다. 덧셈에서는 순서를 바꿔도 답은 똑같다는 게 3+4=4+3의 메시지입니다.**

$$3+4=4+3$$

□+●=●+□   순서를 바꿔서 더해도 결과는 같다.

순서를 바꿔도 덧셈의 결과는 똑같다! 이렇게 힘주어 말해도 아마 별다른 감동이 없을 겁니다. '그래서 어쩌라고?' 이런 느낌일 겁니다. 하지만 이렇게 생각해 보세요. 친구랑 놀다가 공부하고 싶은데, 엄마는 무조건 공부를 먼저 해야 한다고 하는 상황을요. 순서를 바꿀 수 없다면, 친구랑 놀며 즐거운 시간을 먼저 갖는 건 불가능합니다. 얼마나 답답하고 속상하겠어요. 순서를 바꿀 수 있는 것과 없는 것, 어마어마한 차이죠?

 **아주 유용한 3+4=4+3의 법칙**

순서를 바꿔서 더해도 결과는 같습니다. 이걸 **'덧셈에 대한 교환 법칙'**이라고 한답니다. 덧셈에 있어서 두 수의 위치를 교환해도 된다는 뜻이죠. 이 법칙, 잘 써먹으면 아주 유용합니다.

$$
\begin{aligned}
1+2+3+\cdots+98+99+100 &= 1+100+2+99+3+98+\cdots 50+51 \quad ① \\
&= 101+101+101+\cdots+101 \quad ② \\
&= 101 \times 50 \quad ③ \\
&= 5050
\end{aligned}
$$

1부터 100까지의 합을 구하는 문제입니다. 이 문제를 등호의 왼쪽처럼 수를 차례차례 더해 가며 풀려고 하면 여러분도 저도 시간이 많이 걸릴 겁니다. 그런데 수학자 가우스는 이 문제를 선생님이 칠판에 쓰고 돌아서는 순간에 풀어 버립니다. 등호의 오른쪽처럼 교환법칙을 이용해서 말이죠. 1부터 100까지 차근차근 더하지 않고, 더하는 수들의 배치를 바꿔서 쉽게 풀어냈습니다. 이 방법의 핵심은 ①입니다. 수의 위치를 ①처럼 바꾸고 나면 1에서 100까지의 합은 101을 50개 더한 값이 됩니다. 그래서 101×50=5050입니다. 합을 아주 쉽고 빠르게 계산해 냈습니다.

①은 덧셈할 수의 위치를 바꿨습니다. 덧셈에 대한 교환법칙이 적용된 겁니다. 이처럼 교환법칙을 잘 활용하면 어렵고 복잡한 계산도 아주 수월하게 풀어낼 수가 있습니다. 이 교환법칙을 교묘하게 이용한 사람에게 원숭이가 속아 넘어갔네요.

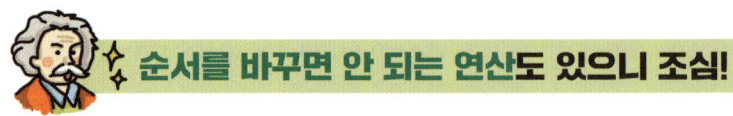
순서를 바꾸면 안 되는 연산도 있으니 조심!

만약 3+4=4+3처럼 덧셈의 순서를 바꾸지 못한다면, 다른 방법이 없습니다. 인내심을 갖고 1부터 100까지 줄기차게 더해야 합니다. 보다 창의적이고 예술적인 방법을 생각해 낼 길이 없습니다. 기가 막힌 방법이라고 할 만큼 짜릿한 수학이 불가능해지죠.

그러나 **3+4=4+3입니다. 순서나 배치를 바꿔 더할 수 있습니다. 3+4=4+3은, 우리한테 문제를 수월하고 아름답게 풀어낼 수 있는 다른 방법도 찾아보라고 넌지시 알려 준 겁니다.** 별것 아닌 것 같은 3+4=4+3이 실은 별일이 가능할 수 있게 해 준 셈이죠.

그런데 교환법칙을 아무 때나 아무 데서나 적용할 수 있는 건 아닙니다. 되는 때, 되는 곳이 따로 있습니다. 그래서 연산마다 교환법칙이 성립하는지 안 하는지를 꼭 확인해야 합니다.

덧셈에서는 교환법칙이 성립합니다. 곱셈도 마찬가지입니다. 3×4=4×3이니까요. 덧셈과 곱셈일 경우는 순서를 바꿔서 계산해도 됩니다. 하지만 뺄셈과 나눗셈에서는 교환법칙이 성립하지 않습니다. 3-4와 4-3, 3÷4와 4÷3은 서로 다르잖아요. 그러니까 뺄셈과 나눗셈에서는 정해진 순서 그대로 계산해야 합니다.

3+4 = 4+3 ⟶ 덧셈: 교환 가능

3-4 ≠ 4-3 ⟶ 뺄셈: 교환 불가능

3×4 = 4×3 ⟶ 곱셈: 교환 가능

3÷4 ≠ 4÷3 ⟶ 나눗셈: 교환 불가능

연산을 할 때는 무턱대고 연산하려 하지 말고 먼저 확인해 보세요. 어떤 연산인지, 그 연산에서는 수의 위치를 바꿔도 되는가 하고요. 그건 자동차로 여행을 하기 전에 자동차가 갈 만한 길이 있는지 없는지를 먼저 확인하는 것과 같답니다.

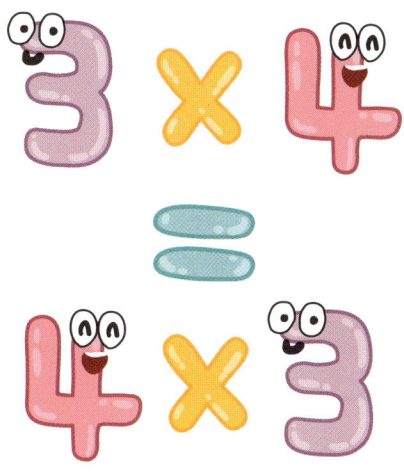

PART 3
교과서를 깨고 나온 수학

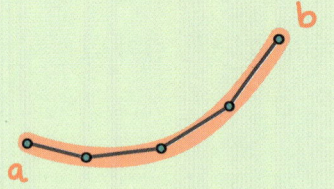

한강의 길이를 어떻게 잴까?

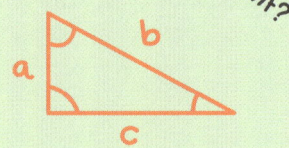

각이 3개면 무조건 삼각형일까?

도형

사각형에는 어떤 도형이 있을까?

$\pi = 3.14$

17

모양과 도형의 차이

어떤 건 동그라미 어떤 건 원, 차이가 뭘까?

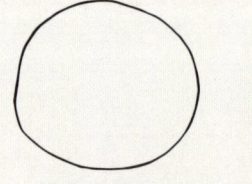 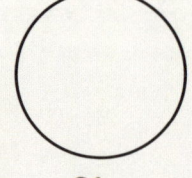

동그라미 = 원?

세모, 네모, 동그라미는 모양입니다.
삼각형, 사각형, 원은 도형이죠.
동그라미와 원은 같을까요, 다를까요?
"모양과 도형은 어떻게 다를까요?"

 **모양**에서 **도형**으로

　초등학교에서 '도형'을 배우기 전에 먼저 등장하는 말이 있습니다. '모양'입니다. 선생님께서 서로 다른 모양의 물건을 보여 주면서 네모 모양, 세모 모양, 동그라미 모양이라고 설명해 준 것이 기억나

지 않나요? 세모나 네모라고 할 때의 '모'는 모서리 또는 모난 곳이라고 할 때의 그 '모'입니다. 구석이나 모퉁이로, 선과 선이 만나는 곳을 모라고 합니다. 세모는 그런 모가 3개, 네모는 그런 모가 4개인 모양입니다.

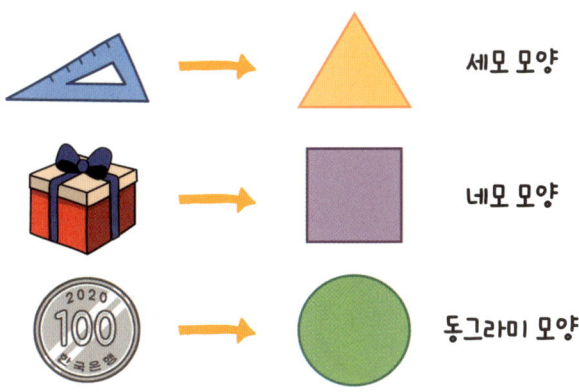

세모, 네모, 동그라미라는 말은 나중에 삼각형, 사각형, 원이라는 말로 바뀝니다. 세모 모양의 도형을 삼각형, 네모 모양의 도형을 사각형, 동글동글 동그라미 모양의 도형을 원이라고 소개하죠. 그러면서 도형이 본격적으로 등장합니다.

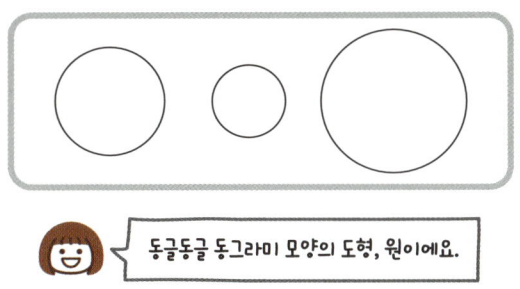

 **너는 동그라미냐 원이냐?**

    모양과 도형, 언뜻 보면 같은 말 같습니다. 모양이 순우리말이고 도형은 한자어 같아 보이지만, 모양도 한자어입니다. 그런데 세모와 삼각형, 동그라미와 원을 나란히 놓고 비교해 보면 왜인지 모를 찝찝함이 생깁니다. 같은 것 같았는데 나란히 비교해 보니 뭔가 느낌이 다릅니다. 하지만 무엇이 다르다고 딱 꼬집어 말하기는 어렵죠.

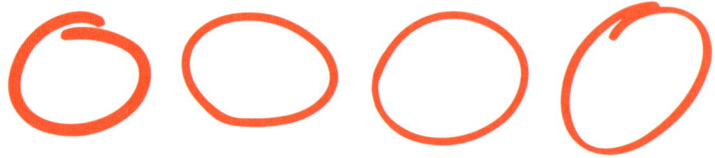

    자, 여기 동그라미 여러 개가 있습니다. 그러면 이 동그라미들은 원일까요? 그렇다고 하는 분도 있겠지만 뭔가 기분이 내키지 않은 분도 있을 겁니다. 역시나 이유를 정확하게 말하기는 어렵습니다. 그래도 원은 아닌 것 같은 느낌이 들지 않나요? 동그라미와 원, 모양과 도형…. 다른 그 느낌을 말로 풀어낼 수 있다면, 그게 바로 모양과 도형의 차이점이겠죠?

    사전적으로만 보면 모양과 도형의 뜻이 엄격하게 구분되어 있는 건 아닙니다. 그러나 **수학에서 주로 사용하는 말은 도형입니다.** 평면도형이나 입체도형이라고 말하지 평면모양이나 입체모양이라고 말하지는 않죠. 수학에서는 특별한 경우가 아니고는 모양이라는 말을 잘 사용하지 않습니다. 모양과 도형, 적어도 수학에서는 분명 차이가 있습니다.

모양은 대강, 도형은 정확

세모, 네모, 동그라미 같은 모양은 그 형태나 성질, 조건이 엄격하게 규정되어 있지 않습니다. 대강의 윤곽이나 형태 정도를 말할 뿐입니다. 눈을 게슴츠레 뜨고 본 형태라고나 할까요? 국어사전에서도 모양을, '겉으로 드러난 생김새나 모습' 정도라고 말합니다.

모양은 그 형태나 성질이 두루뭉술합니다. 왼쪽 페이지에 있는 동그라미를 다시 한번 살펴보세요. 크기는 거의 비슷해 보여도 모양은 조금씩 다릅니다. 원에서 배운 반지름으로 설명해 보자면, 각 동그라미의 점들은 반지름이 일정하지 않습니다. 그래도 동그라미라고 합니다. 국어사전도 동그라미를 동그랗게 생긴 모양이라고만 말합니다. 어떤 게 동그라미이고 아닌지를 엄밀하게 설명하지 않았습니다. 모양이란 것 자체가 두루뭉술하기 때문입니다.

하지만 도형은 다릅니다. 도형의 형태나 생김새, 조건은 아주 엄격합니다. 너무나 엄격해 그 형태나 조건을 말로 분명하게 표현할 수 있을 정도입니다. 그리고 그 말만 듣고도 어떤 도형인지를 그려 낼 수 있죠.

그럼 원은 어떤 도형일까요? 국어사전에서도 원을, '일정한 점으로부터 같은 거리에 있는 점들의 집합'이라고 풀어 놓았습니다. 동그랗기만 하면 된다는 동그라미의 정의보다도 조건이 더 명확합니다. 반지름이 10cm인 원을 그려 보세요. 동그라미처럼 그 모습과 크기가 다양하지 않습니다. 그 모습이나 크기는 누가 그리더라도 유일하게 결정됩니다.

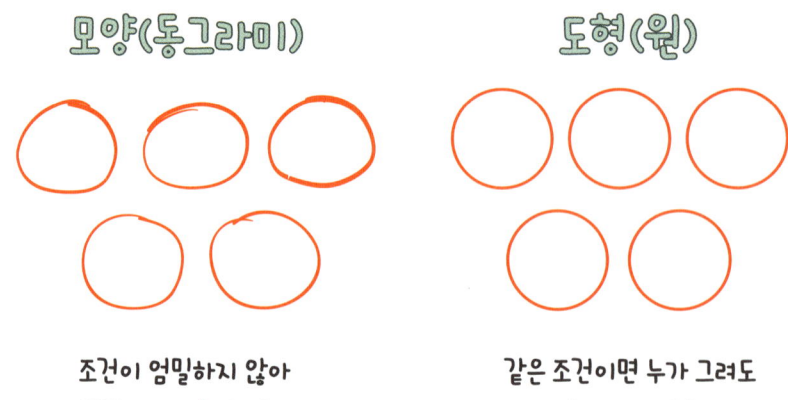

 수학은 도형을 다룬다!

모양과 도형, 같은 것 같지만 다르다고 봐야 합니다. 모양이 대강의 크기와 형태라면, 도형은 정확한 크기와 형태입니다. 모양이 근삿값이라면 도형은 정확한 값이죠. 동그라미 모양은 동그랗다는 조건만 맞추면 크기나 생김새가 달라도 됩니다. 하지만 원 도형은 조건이 같으면 누가 그려도 서로 똑같습니다.

도형의 형태와 크기는 정확하게 정해져 있습니다. 그림이 아닌 말로도 설명이 가능합니다. 그렇기에 도형에서는 사람이 달라지더라도 같은 문제를 공유할 수 있습니다. 그 결과 답도 같아집니다. 모양이 아닌 도형이기에 수학이 가능한 거죠. 그래서 수학에서 다루는 대상은 모양이 아닌 도형입니다.

18 점과 선의 정의
선이 얼마나 짧아지면 점이 될까? 개미 똥보다 더 짧게?

생각해보기

아주아주 짧은 선 = 점?

점과 선은 다릅니다.
선은 무한히 많은 점으로 이뤄져 있죠.
그럼 선이 얼마나 짧아져야 점이 될까요?
"0.1mm, 0.001mm처럼 정해 놓은 기준이 있는 걸까요?"

 **도형의 기본 요소, 점과 선**

한국의 아인슈타인인 여러분과 수학을 탐구하다 보니 벌써 점심

시간이군요. 갑자기 밥 타령은 왜 하냐고요? '점심'에 오늘의 주제가 있기 때문입니다. 오늘의 질문을 만나면 점심을 먹을 때마다 '점'과 '선'의 이야기가 떠오를 겁니다. 후훗.

점과 선은 면과 더불어 도형을 구성하는 기본 요소입니다. 모든 도형은 점, 선, 면으로 이뤄져 있죠. 물론 점과 선 자체도 모양, 크기, 형태가 다른 도형입니다.

점은 한자로 點으로, 가장 작은 도형입니다. 그래서 • 처럼 콕 하고 찍어서 표시합니다. 있기는 있지만 최소한의 크기로만 존재한다는 걸 뜻하죠. 점은 일상생활에서도 굉장히 자주 쓰입니다. 얼굴에 찍혀 있는 까만 점도, 스포츠 경기 결과가 50점이네 3점이네 할 때의 점도, 그림 한 점이라고 할 때의 점도 모두 그 점입니다.

점의 의미를 잘 담아낸 말은 낮에 먹는 끼니인 점심(點心)입니다. 왜 낮에 먹는 끼니에 '점'이라는 한자를 넣었을까요? 예전에는 아침 식사와 저녁식사가 중요한 식사였답니다. 그 사이에는 배고픔만 가실 정도로 아주 적게 먹었죠. 작은 점을 찍은 것처럼 아주 적게, 허기만 가실 수 있도록 먹는 식사였기에 점심이라고 한 거죠.

이런 점을 하나 찍은 뒤, 그대로 손을 놓지 말고 쭉 긋다가 마지막에 점으로 끝내 보세요. 그 사이에 남은 자취가 선입니다. 점이 이동하면서 만들어진 그 선의 크기가 선의 길이입니다. 선은 일정한 길이를 갖고, 선 안에는 무수히 많은 점이 있습니다.

'시선(視線)을 의식한다'고 할 때의 선은 도형의 그 선입니다. 시선은 눈길이 가는 곳이나 눈이 쳐다보는 방향이죠. 그 위치나 방향을 구체적으로 어떻게 표시할 수 있을까요? 눈동자로부터 눈동자가 바라보는 대상까지의 선으로 표시하면 정확합니다. 그래서 시선이라고 한 겁니다.

 선이 짧아지면 점?

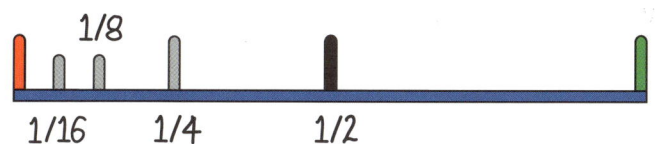

1cm의 선이 있다고 해 보죠. 지금부터 아주 예리한 칼을 사용해서 그 선의 일부를 잘라 낼 겁니다. 맨 처음에는 선의 절반인 0.5cm를 잘라 냅니다. 그리고 남은 선의 절반을 또 잘라 없앱니다. 이 작업을 계속 반복하면, 선은 눈에 보이지도 않을 만큼 작아지겠죠. 먼지보다도, 개미 똥보다도, 눈에 보이지 않지만 존재한다는 원자보다도 더 작게 말입니다.

선이 보이지 않을 만큼 작아진다면 그걸 점이라고 말할 수 있을까요? 점이 될 거라고 생각하는 분도 있을 겁니다. 짧아지다 보면 얼굴에 있는 점이나 연필로 찍는 점보다도 더 작아질 게 확실하기 때문이죠. 점이 작기는 하지만 최소한의 크기는 있다고 생각하는 거죠.

그럼 선이 얼마나 짧아져야 점이 될까요? 그렇게 물으면 쉽사리 답을 하지 못합니다. $\frac{1}{1000}$mm보다 작아지면 점이라고 한다 해 보세요. 그럼 그것보다 아주 조금 크면 선일까요? $\frac{1.000001}{1000}$mm는 0.000001mm 차이로 선이 되는 건가요? 기준을 얼마로 잡더라도 역시나 애매합니다.

아무리 짧아져도 선은 선이다

어느 기준치보다 짧은 선을 점이라고 한다 해 보세요. 그러면 그 점은 선과는 별개의 도형이 아니라 선의 일부가 되어 버립니다. 그건 짧은 선이지, (선이 아닌) 점이 아닙니다. 짧은 선이 점이라면, 점과 선을 구분조차 할 수 없게 됩니다.

그러나 수학에서 점과 선은 근본적으로 다른 도형입니다. 선이 아무리 짧아지더라도 그건 선이지 점이 아니어야 합니다. 안 그러면 점과 선이 같아져 버리니까요. 짧은 선을 점이라고 하는 순간 점은 연기처럼 사라집니다.

점과 선이 서로 다른 도형이 되게 하려면, 아무리 짧은 선이라고 하더라도 점으로 봐서는 안 됩니다. 그러므로 점에는 길이가 아예 존재하지 않아야 합니다. 하지만 우리가 찍는 점에는 어떻게든 길이가 존재하기 마련입니다. 우리가 점에도 크기가 있다고 착각하는 이유죠. 점은 크기를 가져서는 안 되므로, 우리가 콕 하고 찍는 점은 수학에서 말하는 점이 아닌 겁니다.

진짜 점은 보이지 않는다

수학에서 말하는 점(•)에는 길이 같은 크기가 아예 없습니다. 그 뜻 그대로라면 점은 눈에 보이지 않아야 합니다. 크기가 조금이라도 있으면 보이게 되잖아요. 그러므로 수학에서 말하는 점은 눈으로 볼 수 있는 게 아닙니다. 마음의 눈으로 볼 때 가장 잘 볼 수 있다는 소설 <어린왕자>의 말처럼 마음이나 생각으로만 볼 수 있습니다(착한 마음이라면 더 잘 볼 수 있을라나요?).

그래도 점이 있다는 걸 표시는 해 줘야 하지 않겠어요? 안 그러면 점이 있다는 사실을 전혀 알 수 없으니까요. 그래서 •처럼 콕 하고 최소한의 크기로 찍어 주는 겁니다. **•은 진짜 점이 아니라, 거기에 점이 있다는 걸 알려 주는 기호입니다.** 보이지 않는 점이 있다는 사실을, 보이는 기호라도 알려 주는 거죠. 이제는 그런 점을 찍거나 바라볼 때 속삭여 주세요. "너는 점이지만 점이 아니다. 보이는 점이지만, 실은 보이지 않는 점이다"라고요.

19 직선과 곡선

직선과 곡선, 사이좋게 하나로 묶을 수 없을까?

직선 ≠ 곡선?

반듯한 선은 직선이라고 합니다.
구부러진 선은 곡선이라고 합니다.
직선과 곡선, 모양도 말도 다릅니다.
"그런데 말입니다, 직선과 곡선은 다르기만 할까요?"

 **우린 같을 수 없을 거야, 직선과 곡선**

    선을 크게 2개로 나누면 직선과 곡선으로 나눌 수 있습니다. 직선은 반듯한 선이고, 곡선은 구부러진 선이라 부르죠. 직선을 그을 때는 자를 사용하고, 곡선을 그을 때는 그림 그리듯이 자유자재로 그리

면 됩니다. 그러니까 우리가 평상시에 손으로 그리는 선은 모두 곡선인 셈이죠. 직선과 곡선은 이름도, 모양도, 그을 때 사용하는 도구도 다릅니다.

직선으로 이뤄진 도형이 있고, 곡선으로 이뤄진 도형이 있습니다. 삼각형, 사각형, 오각형 같은 다각형은 모두 직선으로 이뤄진 도형입니다. 그러니까 다각형을 그릴 때는 자를 사용합니다. 그럼 곡선으로 이뤄진 도형에는 뭐가 있을까요? 대표적으로 원, 포물선, 타원, 쌍곡선이 있습니다. 원을 그릴 때는 자가 아닌 컴퍼스를 사용하잖아요. 역시나 도형에서도 직선과 곡선은 다릅니다.

직선과 곡선은 보통 다른 선으로 분류됩니다. 다른 걸 넘어서 정반대로 여겨지기까지 합니다. 때로는 직선이 아닌 선이면 모두 곡선이라고도 하잖아요. 직선의 반대를 곡선으로 본 거죠. 학교 수학에서도 직선과 곡선을 다르게 봅니다.

정반대의 우리 사이에 공통점이?

여기까지만 보면 직선과 곡선은 어울릴 수 없는 친구 같아 보이죠? 그런데 의외로 큰 공통점을 찾을 수 있습니다. 특정한 두 점을 연결하는 직선과 곡선을 살펴보죠. **직선과 곡선 모두 시작점과 끝점은 같습니다. 중간 과정이 다를 뿐이죠. 이 경우 두 점을 연결한다는 점에서 직선과 곡선은 같습니다.** 알고 보니 같은 부모님을 둔 서로 다른 형제인 셈입니다.

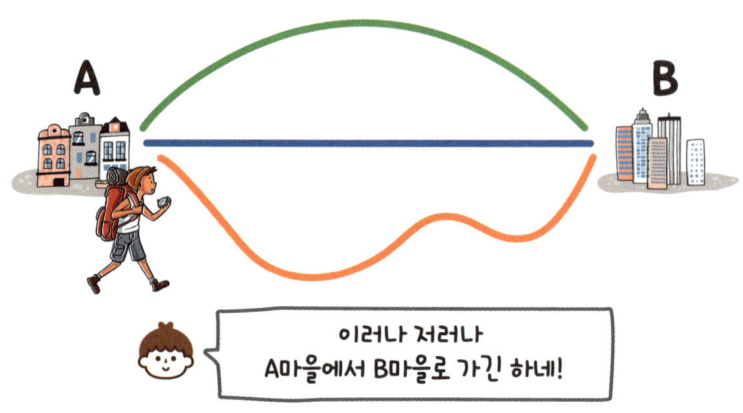

공통점이 있다면, 직선과 곡선을 하나로 묶을 수도 있지 않을까요? 특정한 두 점을 연결하는 선을 다 모아 놓는다면, 거기에는 직선도 있고 곡선도 있게 되잖아요. 그런 선들을 '연결선'이라고 이름 붙여 보겠습니다. 연결선이란 두 점을 연결하는 모든 선을 말합니다. 그럼 연결선에는 직선과 곡선 두 종류가 있게 되겠네요. 그렇죠?

두 점을 잇는 연결선 – 직선 : 반듯한 선(1개)
                     – 곡선 : 구부러진 선(무한 개)

두 점을 연결한 직선과 곡선의 개수만 따져 보세요. 곡선은 무수히 많은 반면, 직선은 오직 딱 하나입니다. 두 패로 나눈다면 직선 대 곡선은 일 대 무한입니다. 그런데도 직선과 곡선을 두 집단으로 나눈다면, 곡선의 입장에서는 좀 불공평하다는 느낌도 들 겁니다. 직선과 이야기를 잘 해서 직선이 곡선에 포함되도록 묶고 싶은 마음이 생기지 않을까요?

수학도 딱 그런 마음이었습니다. 직선과 곡선을 두 집단으로 나누기보다는 하나로 통합해 보려 했습니다. 기왕이면 개수가 무수히 많은 곡선의 입장에서요.

직선을 품기 위해 곡선의 정의를 바꾸자!

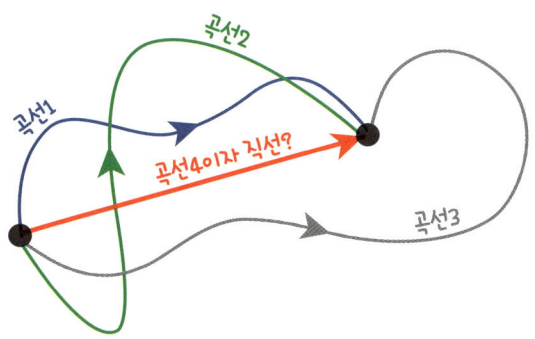

두 점을 연결하는 선은 무수히 많습니다. 그중 딱 하나가 반듯한 직선이죠. 만약에 직선을 곡선의 특별한 형태로 볼 수만 있다면, 직선

을 곡선에 통합시킬 수 있습니다. 아무것도 없는 상태를 0개가 있는, 조금 특별한 상태로 보는 것처럼 말입니다.

그러려면 곡선을 달리 정의해야 합니다. 왜냐하면 곡선을 구부러진 선이라거나, 직선이 아닌 선이라고 하면 직선과 곡선을 도저히 통합할 수 없으니까요. 반듯한 선을 두고서 구부러진 선이라고 할 수는 없잖아요. 그래서 수학은 곡선을 달리 정의할 방법을 찾아봤습니다.

직선은 곡선의 특별한 경우!

직선과 곡선을 묶어 내기 위해서 전문적인 수학에서는 곡선을 다르게 정의합니다. 곡선을 '점이 연속해서 움직이며 그리는 선'이라고 새롭게 정의한 거죠. 모양을 가지고 정의하지 않았습니다. **점이 연속해서 움직이며 그려지는 선이면 모두 곡선입니다. 이 정의에 따르면, 두 점을 연결하는 모든 선은 전부 곡선인 셈입니다. 직선도 곡선에 포함되는 거죠.**

달라진 곡선의 정의에 따라, 기존의 직선과 곡선은 모두 곡선으로 통합되었습니다. 하지만 문제 하나가 남네요. 직선을 다른 곡선과 구별해 주는 문제죠. 어쨌거나 직선은 다른 곡선과 다르잖아요. **직선을 따로 설명해 줄 필요가 있습니다. 그 결과 직선을 '곡선 중에**

서 길이가 가장 짧은 선 또는 최단 경로인 선'이라고 정의했습니다. 직선의 길이는 그 어떤 곡선보다도 짧으니까요. 직선을 모양이 아닌 거리로 다시 정의했습니다. 흔히 보는 반듯한 직선이 책상 같은 평면 위에서의 최단 경로인 선입니다.

새 정의를 통해 직선과 곡선은 이제 하나로 묶였습니다. 그러면서도 직선은 다른 곡선들과 명확하게 구별되었습니다. 다름을 인정하면서도 하나가 되었습니다. 대립의 관계에서 특별한 관계로 발전한 셈이니, 서로에게 좋은 결과이군요. 직선과 곡선은 무작정 다르다고만 할 수 있는 게 아니랍니다. 이제는 둘을 묶어서도 볼 수 있는 통 큰 사고를 해 보세요.

20 곡선의 길이
마땅한 자도 없는데, 한강의 길이를 어떻게 잴까?

길이를 잴 때는 자를 이용합니다.
그런데 자로는 직선의 길이만 측정할 수 있습니다.
"그러면 한강 같은 곡선의 길이는 어떻게 측정할까요?"
뱀처럼 구불거리는 자를 만들면 될까요?

 **내 키의 길이는? 서울에서 부산까지의 거리는?**

세계에서 가장 큰 사람의 키는 272cm였고, 가장 긴 속눈썹의 길이는 20.5cm였답니다. 세계에서 가장 긴 김밥은 2015년도에 우

리나라에서 만든 것으로 1,344m였고요. 상상을 초월하는 길이의 세계입니다.

길이와 거리가 어떻게 다른지 아나요? 길이는 어떤 물건의 이쪽부터 저쪽까지의 크기입니다. 연속으로 이어져 있는 물건의 사이즈라고 보면 되죠. 키는 우리 몸의 머리끝에서 발끝까지의 '길이'입니다.

거리는 서로 떨어져 있는 두 점 사이의 크기입니다. 서울과 제주도는 떨어져 있지, 하나로 쭉 이어져 있지 않습니다. 그래서 서울과 제주도 사이의 '거리'라고 말합니다. 자신과 떨어져 있는 친구 사이에서도 우리 두 사람 사이의 거리라고 말해야 합니다.

길이를 측정하는 도구, 자

길이를 측정할 때는 무엇을 사용하죠? 바로 반듯한 자입니다. 자를 이용하면 책이나 컴퓨터처럼 반듯한 물건, 책상 위처럼 평평한 면 위에서의 길이를 금방 잴 수 있습니다. 하지만 모든 물건이 반듯한 건 아닙니다. 파마를 한 머리카락이나 라면 면발처럼 꼬불꼬불한 것도 많습니다.

꼬불꼬불한 물건의 길이는 어떻게 측정할까요? 꼬불꼬불한 모양을 그대로 둔 채 측정할 수는 없습니다. 그걸 반듯하게 펴거나 구부러지는 줄자를 이용해야 하죠. 아래 사진은 2015년 고흥군에서 만든, 1,344m에 달하는 세계 최장 김밥의 길이를 측정하는 사진이에요. 사진을 보면, 잘 휘어지는 줄자처럼 생긴 측정 도구를 쭉 밀고 가면서 측정했답니다.

(출처: 고흥군청)

반듯한 물건의 길이를 측정해 주는 반듯한 자가 있듯이, 구부러진 물건의 길이를 측정해 줄 구부러진 자를 만들면 좋지 않을까요? 구부러진 자가 있다면 구부러져 있는 물건의 길이를 곧바로 측정할 수 있잖아요.

하지만 문구점에 가서 반듯한 자 말고 구부러진 자가 따로 있냐고 물어보면, 단번에 그런 자는 없다고 말씀하실 거예요. **구부러진 자**

는 왜 없을까요?** 생각 의자에 앉아서 잠시만 생각하면 답이 떠오릅니다. **구부러진 모양이 너무 다양하기 때문입니다.**

어떤 곡선이 있을 때 그런 모양의 자를 만든다면 길이를 바로 잴 수 있을 겁니다. 그러나 구부러진 모양은 무한히 많습니다. 무한히 많은 모양의 구부러진 자를 만들어야 한다는 말입니다. 하지만 현실적으로 그럴 수는 없습니다.

곡선의 길이를 어떻게?

세계에서 제일 긴 강은 나일강으로 거의 6,700km에 달합니다. 이 길이를 어떻게 측정했을까요? 설마 그 강들이 반듯하게 흘러갔겠어요? 아닙니다. 당연히 굽이굽이 곡선으로 흘러갑니다. 그렇다고 구부러진 머리카락을 반듯하게 펴듯이 강을 반듯하게 펴서 길이를 쟀

겠나요? 그것도 불가능합니다.

우리가 갖고 있는 유일한 자는 반듯한 자뿐입니다. 그러니 모양이 어떻든 간에 길이를 잴 때는 결국 반듯한 자를 써야만 합니다. 직선과 곡선은 근본적으로 다르기에, 곡선의 길이를 반듯한 자로 측정해 낼 근본적인 방법은 없습니다. 하지만 수고를 좀 한다면, 곡선의 길이도 직선을 이용해서 거의 정확하게 알아낼 수 있답니다. 아래처럼 하면 말이죠.

곡선의 길이를 직선으로 측정하는 비법

반듯한 자를 이용해 파란색 곡선의 길이를 측정하고자 합니다. 양 끝점을 연결한 직선의 길이를 재면 곡선의 실제 길이와 차이가 많습니다. 오차를 더 줄여야 하죠. 그러기 위해서는 ①처럼 곡선의 가운데에 있는 점을 하나 잡습니다. 그러면 2개의 직선이 만들어지는데, 그 직선들의 길이를 구하면 오차는 더 줄어듭니다. 오차를 더 줄이고 싶

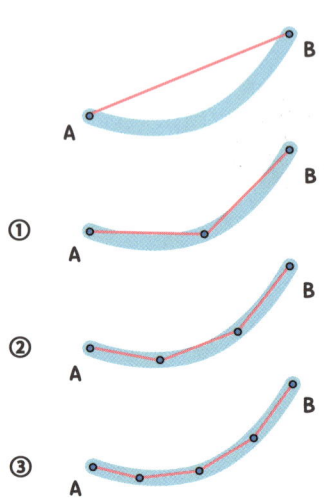

다면 ②나 ③처럼 곡선의 중간에 점을 더 찍어 직선의 개수를 늘리면 됩니다. 직선을 더 많이 만들수록 오차를 아주 작게 줄일 수 있습니다. 한강의 길이도, 나일강의 길이도 이런 방법으로 측정한 거죠.

곡선의 길이도 결국 직선의 길이를 이용해서 측정합니다. **곡선을 잘게 쪼개서 각 부분에 가장 근접하는 직선을 긋습니다. 그 직선들의 길이를 모두 더하면 전체의 길이가 된답니다.** 직선을 더 잘게 그릴수록 측정값은 더 정확해집니다. 물론 직선을 더 많이 그리는 수고는 해야겠죠. 하지만 수학을 잘 활용할 줄 아는 작은 센스만 갖추면, 이후에는 수학이 알아서 해결해 줄 테니 큰 걱정은 마세요!

21

각의 종류

왜 90도에만 특별히 '직각' 이라는 이름을 주었을까?

 생각해보기

0°, 13°, 30°, 45°, 51°, 60°, 89°…

각의 크기는 다양합니다.

그중 90°를 '직각'이라고 부릅니다.

"왜 90°에만 특별한 이름을 붙여 줬을까요?"

직각은 특별해!

우리에게는 특별한 사람이나 물건, 하나뿐인 기념일이 있죠. 그런 대상에는 특별한 이름을 붙여 주게 마련입니다. 친구들의 별명, 함께 살아가는 동물에게 붙여 주는 이름, 한글날이나 추석 같은 명절이 모두 그렇게 붙은 이름입니다.

각도 중에서도 특별한 이름으로 불리는 각도가 있습니다. 바로 '직각' 이라고 불리는 90°죠. 이렇게 특별한 이름을 붙여 준 각도는 90°가 사실상 유일합니다(180°를 평각이라고 하지만 요즘에는 잘 쓰이지 않아요). 30°나 45°, 60° 역시 수학에서는 특별하게 여겨지지만 다른 이름까지 붙여 주지는 않았습니다.

각도가 뭔가요? 두 직선이 벌어진 정도를 숫자로 표현한 겁니다. 보통은 각도기를 이용해서 측정하죠. 따라서 각도에는 무한히 많은 값이 있습니다. 그런데도 90°만 다른 이름을 갖고 있습니다. 모양에 있어서도 다른 각은 곡선(⌒)으로 표시하지만, 90°만 기역(ㄱ) 모양으로 표시합니다. 그만큼 90°가 특별하다는 거겠죠.

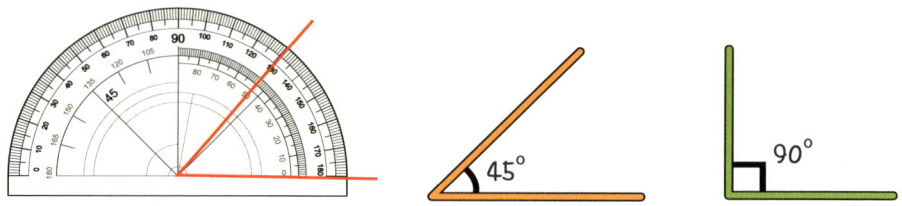

 **직각이 특별하다는 증거**

예부터 직각을 특별하게 여겼다는 증거들이 있습니다. 각도가 작아 날카롭고 예리한 각을 예각, 각도가 커서 무뎌 보이는 각을 둔각이라고 하잖아요? 그 기준이 되는 각이 90°인 직각입니다. 직각보다 작으면 예각, 직각보다 크면 둔각이죠.

자주 등장하는 삼각형 중에는 직각삼각형이 있습니다. 피타고라스의 정리라고, 수학에서 아주 유명한 이론도 이 직각삼각형에 관한 겁니다. 특별한 각을 지닌 삼각형에 이름을 붙여 준 건 직각삼각형밖에 없습니다.

수직이라는 말도 있습니다. 두 직선이 만나 만들어지는 각도가 90°일 때를 말하죠. 90°가 아닌 각도를 이루는 두 직선에 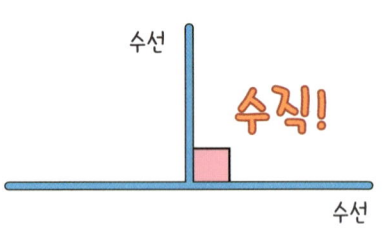 대해 별도의 말이 있는 건 없습니다(평행인 0°일 때를 제외했습니다).

 **각도기 없이 그릴 수 있는 특별한 각**

왜 90°에 대해서만 특별한 이름을 붙여 줬을까요? 특별한 사연

이 있기 때문입니다. 약 2,500년 전 쯤, 고대 그리스인들은 도형에 관한 수학을 굉장히 발전시켰습니다. 점, 선, 면을 가지고 도형에 관한 명칭이나 개념, 성질 등을 많이 발견했죠.

고대 그리스인들은 도형을 그릴 때 자와 컴퍼스만을 사용했습니다. 자로는 직선을 긋고, 컴퍼스로는 원을 그렸어요. 그때도 각의 개념은 있었지만 지금처럼 각도기가 있지는 않았습니다. 각도기를 이용해 각도를 측정한 건 나중이었어요.

각도기가 없었기에 아무 각이나 정확하게 측정하거나 만들어 낼 수는 없었습니다. 그런데 각도기가 없이도 정확하게 바로 그려 낼 수 있는 각도가 있었습니다. 0°와 90°, 180°였죠. 0°와 180°는 자만 있다면 그리는 방법이 굉장히 쉬웠습니다. 두 직선을 포개거나 평평하게 펼치면 되거든요. 90°는 이 둘 사이에 위치하지만 역시나 바로 그릴 수 있었기 때문에 특별한 각도로 여겨졌답니다.

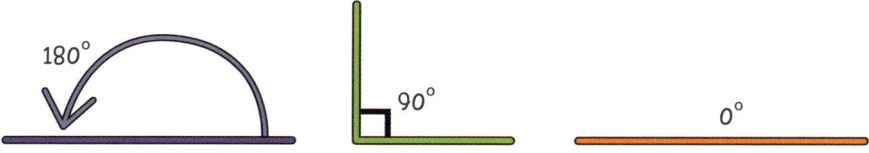

그렇다면 옛날에는 어떻게 정확히 90°를 그렸을까요? 90° 역시 각인데, 어떻게 각도기를 이용하지 않고 그렸는지 선조들의 지혜를 살펴보죠.

각도기 없이 직각을 그리는 획기적인 방법

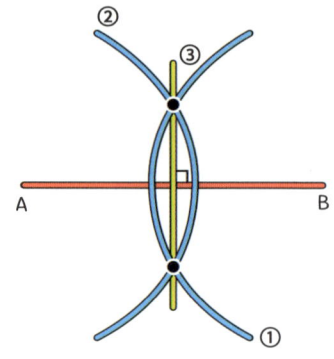

직각을 그리려면 직선 AB와 90°를 이루는 선, 즉 수직인 선을 그으면 됩니다. ①처럼 AB의 한 점에서 일정한 길이를 반지름으로 하는 원을 그립니다. 그런 다음 ②처럼 AB의 다른 점에서도 똑같은 반지름의 원을 또 그립니다. 두 원이 만나는 점 2개가 생기죠? 그 두 점을 이은 선③과 직선 AB의 각도는 항상 90°가 됩니다.

이 방법으로 <u>고대 그리스인들은 90°인 각을, 언제든 정확하게 그릴 수 있었습니다. 그러니 그들에게 90°는 굉장히 특별했을 수밖에요.</u> 또한 90°는 다른 각의 크기를 비교하기 좋은 기준으로도 아주 적절했죠. 그래서 직각이라는 특별한 이름까지 붙여 준 겁니다. 크리스마스라는 특별한 날이 만들어졌듯이, 직각이라는 특별한 말이 생겼네요. 크리스마스라는 특별한 날로 인해 우리의 생활에 재미난 이야기가 많아졌듯이, 수학에도 특별한 각도인 직각과 관련된 이야기들이 많아졌답니다. 그만큼 수학이 풍부해진 거죠.

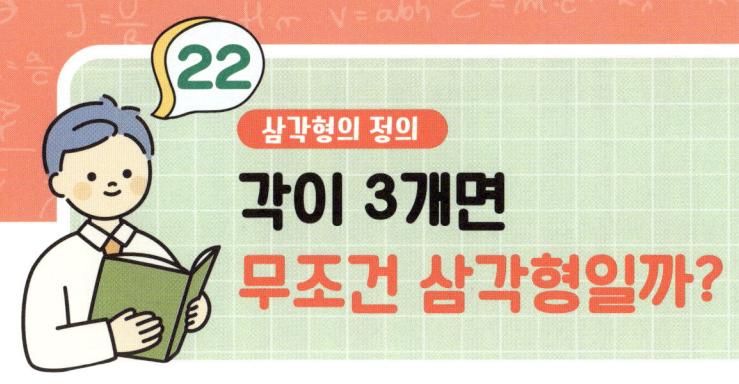

22 삼각형의 정의
각이 3개면 무조건 삼각형일까?

 생각 해보기

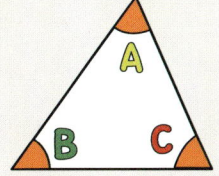

삼각형, 한자로는 三角形입니다.
뜻을 풀이하면 각이 3개인 도형이란 뜻입니다.
"각이 3개면 모두 삼각형이라고 불러도 될까요?"

삼각형을 말로 그려 보시오

학교에서 다양한 도형을 처음 어떻게 배웠나요? 선생님이 칠판에 도형을 그린 다음, 도형의 이름을 알려 주지 않으셨나요? 학교에서는 도형의 모양을 보여 주고 난 다음에, 그 도형의 이름을 알려 줍니다. 여러 개의 삼각형을 보여 준 다음에, 그렇게 생긴 도형을 삼각형이라고 일러 주죠. 그래서 삼각형이나 원이 뭐냐고 물어보면 삼각형이나 원을 그려서 보여 주는 경우가 많습니다.

하지만 그림은 생각보다 정확하지 않아요. 보이는 대로 판단하면 틀리기가 쉽죠. 아래의 삼각형을 보세요.

둘 다 직각삼각형 같죠? 직각처럼 보이잖아요. 하지만 왼쪽 삼각형에서 직각처럼 보이는 각이 사실은 89.999°일 수도 있습니다. 직각삼각형이 아닌 거죠. 오른쪽처럼 이 각이 직각이라는 표시를 해 주거나, 그려진 삼각형이 직각삼각형이라고 말로 밝혀 줘야 직각삼각형입니다.

수학을 공부할수록 그림보다는 말에 주목해야 합니다. 삼각형이 뭐냐고 물으면 그려서 보여 주지 말고, 말로 풀어서 보여 줘야 합니다. 삼각형을 말로 그려 준다고 생각하면 됩니다. 그래야 실수와 착각을 줄일 수 있어요.

그럼 한번 삼각형을 말로 풀어서 설명해 보세요. 부엌에 계신 엄마에게 달려가서, 삼각형이 무엇인지에 대해서 당당하게 얘기해 보세요. 왜 바로 달려가지 못하고 있죠? 막상 말로 그려 보려 하니 어려워서 그런 거라면, 부끄러워하지 말고 좀 더 생각해 보죠!

각이 3개인 도형이 모두 삼각형은 아니다

삼각형은 꼭짓점도 변도 각도 3개인 도형입니다. 다각형 중에서 변과 각의 개수가 가장 적습니다. 샌드위치, 옷걸이, 교통 표지판 등 실생활에서 흔하게 볼 수 있죠. 삼각형이라는 말의 뜻은 뭘까요? 삼각형의 한자인 三角形에 힌트가 있을 겁니다. '각이 3개인 도형'이라는 뜻이네요. 영어로도 각(angle)이 3개(tri)라는 뜻의 triangle입니다.

그런데 정말 각이 3개인 도형이, 우리가 늘 보고 접했던 삼각형과 똑같을까요? 아래 경우를 보세요.

이 도형들은 삼각형일까요 아닐까요? 삼각형이 아닌 것 같다는 느낌이 팍 올 겁니다. 그런데 각은 모두 3개입니다. 각이 3개인 도형을 삼각형이라고 한다면, 모두 삼각형이어야 합니다. 하지만 이 도형들은 삼각형이 아닙니다. '삼각형은 각이 3개인 도형이다'라는 설명은 완벽한 설명이 아니라는 말입니다.

변이 3개인 도형도 반드시 삼각형인 건 아니다

각의 개수만으로 삼각형을 완벽하게 설명할 수는 없습니다. 그러면 무엇으로 설명해야 할까요? 삼각형의 요소는 변 3개와 각 3개입니다. 그중에서 각이 빠진다면 남는 건 변입니다. 변이 3개라는 특징이 남습니다.

삼각형을 변이 3개인 도형이라고 하는 건 어떨까요? 삼각형에는 변이 3개 있으니까요. 그런데 아래의 도형을 또 볼까요?

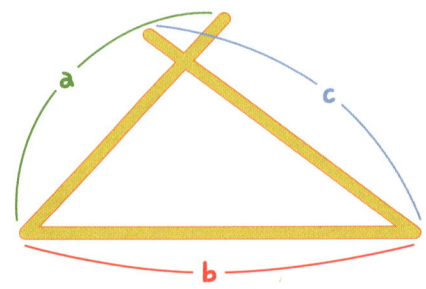

이 도형은 3개의 변으로 만들어졌습니다. 하지만 삼각형은 아닙

니다. 삼각형을 변이 3개인 도형이라고 설명하는 것 역시 완벽하지는 않은 거죠. 그림처럼 삐져나오는 경우가 없도록 삼각형의 뜻을 더 좁혀야 합니다. 이를 위해서 동사 하나를 붙였습니다. 바로 '둘러싸다'입니다.

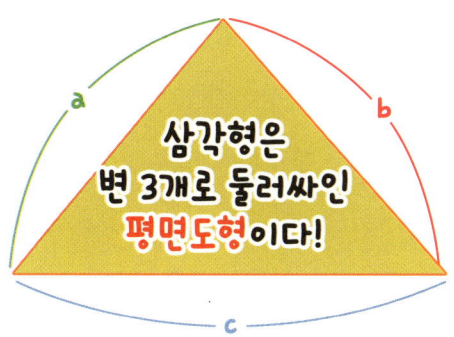

이것이 삼각형에 대한 완전한 뜻이자 정의입니다(초등 수학의 도형은 모두 평면 위의 도형이니 평면도형에 속합니다). 변의 개수 말고도 둘러싸인다는 조건이 들어갔네요. 변이 3개이지만 삐져나온 도형을 삼각형에서 빼내기 위해서입니다. <u>삼각형뿐만 아니라 사각형, 오각형 등 다각형을 설명할 때는 꼭 둘러싸여 있다는 말이 포함되어야 합니다.</u>

삼각형, 뜻풀이로만 보면 각이 3개인 도형입니다. 하지만 수학적으로는 '3개의 변으로 둘러싸인 도형'입니다. 이처럼 말의 뜻과 말의 대상이 일치하지 않은 경우가 있으니 주의해야 합니다. 사실 삼각형이라는 말이 중국에서 처음 등장했을 때도 변이라는 말과 함께 사용되었답니다. 고대 중국에서는 정삼각형을 평변삼각형이라고 했습니다. 삼각형 자체도 삼변형이라고 불렀죠. 그랬다가 시간이 흐르면서 그냥 삼각형으로 불리게 된 거랍니다.

수학에는 용어가 많습니다. 그런데 용어 자체의 뜻과 그 용어에 대한 수학에서의 정의가 다른 경우가 많습니다. 그 경우에는 꼭 수학에서의 정의대로 알아 둬야 합니다.

혹시 괜스레 뽐내기 좋아하는 친구가 "삼각형은 각이 3개인 도형이야"라고 콧대를 높이며 말하고 있다면, 조용히 다가가 당당하게 한소리 해 주세요. 그건 한자 뜻풀이일 뿐이라고요! 우리는 이제 말로도 삼각형을 정확하게 그릴 수 있으니까요.

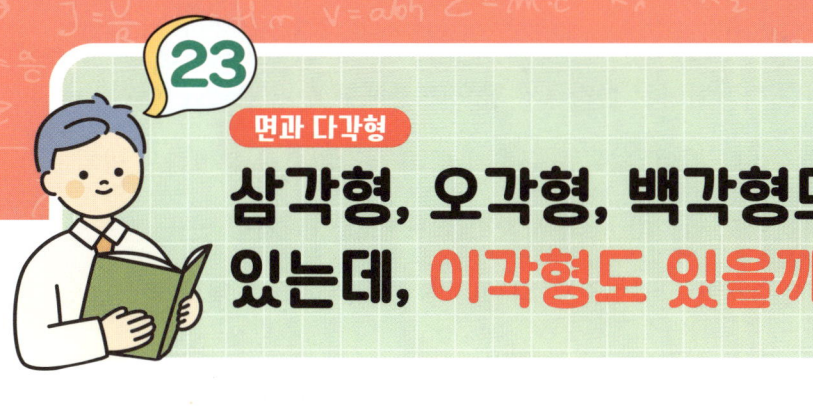

23 면과 다각형
삼각형, 오각형, 백각형도 있는데, **이각형도 있을까?**

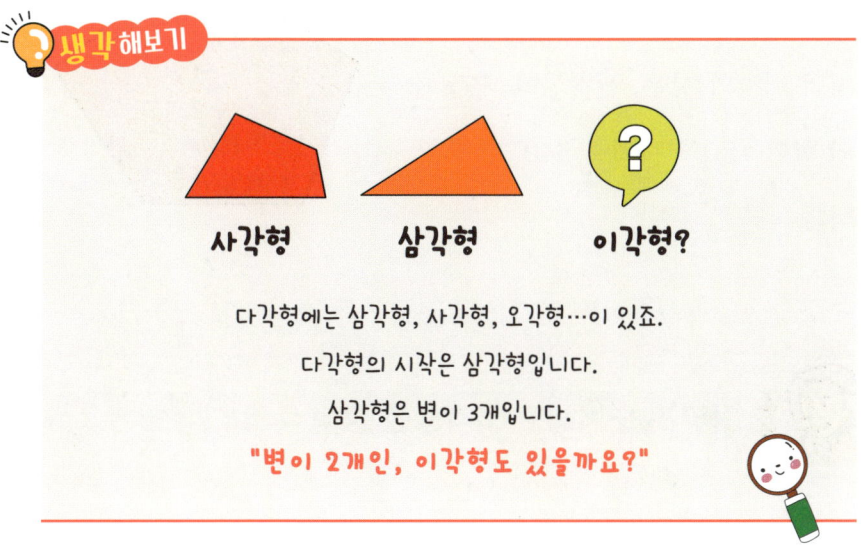

다각형에는 삼각형, 사각형, 오각형…이 있죠.
다각형의 시작은 삼각형입니다.
삼각형은 변이 3개입니다.
"변이 2개인, 이각형도 있을까요?"

다각형의 시작, 삼각형

다각형은 삼각형부터 시작합니다. 변이 최소한 3개는 되어야 일정한 넓이를 갖는 평면도형이 됩니다. 그래서 삼각형은 다각형의 기본입니다.

어떤 다각형이든 삼각형의 합으로 분해할 수 있습니다. 어떤 다각형의 각이나 길이, 넓이를 구하기 위해 삼각형으로 분할하는 방법을 적용하기도 합니다. 옆의 오각형을 보세요. 그림처럼 선을 그으면 오각형은 3개의 삼각형으로 나뉩니다. 그러므로 오각형의 각을 모두 더한 값은, 삼각형 3개의 각을 모두 더한 값과 같죠. 따라서 오각형의 내각의 합은, 삼각형의 내각의 합인 180°의 3배인 540°가 됩니다.

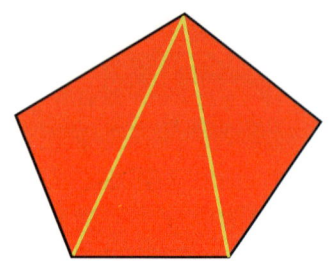

✨ 아무리 노력해도 이각형은 그릴 수 없다

그럼 변의 개수가 2개인 '이각형'은 존재하지 않는 걸까요? 백문이 불여일견이니 직접 그리면서 확인해 보죠. 책상 위에 종이를 펼치고 변 2개로 둘러싸인 도형을 그려 보세요. '변은 직선이다'라는 점을 꼭 기억해 주시고요.

이리저리 그려 봐도 선 2개로 그릴 수 있는 형태는 아래의 셋 중 하나입니다. 떨어져 있는 선 2개, 한 점에서 만나는 두 선, 완전히 겹쳐진 두 선이죠. 하지만 그런 형태는 다각형이 아닙니다. 둘러싸여 있지 않으니까요.

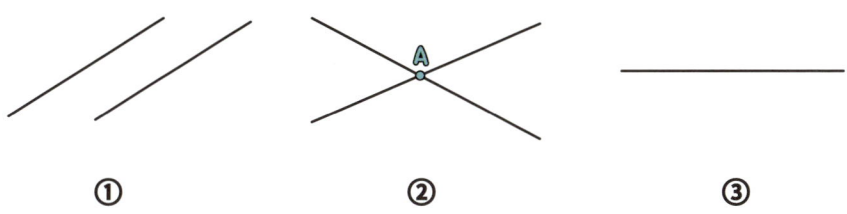

아래와 같은 모양은 어떨까요? 선이 2개인데 둘러싸여 있잖아요?

얼핏 봐서는 선이 2개이고, 두 선에 의해 둘러싸여 있는 것처럼 보입니다. 하지만 그렇지 않습니다. 직선처럼 보이지만 아주 살짝 휘어져 있거든요. 그랬기에 양 끝에서 만날 수 있었습니다. 직선이 아니니까 다각형의 변이 아니겠죠? 이각형이 될 수 없습니다.

책상 위에 종이를 놓고 이각형을 그릴 수는 없습니다. 두 점을 잇는 직선은 하나뿐이거든요. 그래서 다각형은 이각형이 아닌 삼각형부터 시작하는가 봅니다.

이각형을 우리 땅에서 찾을 수 있다고?

책상 위 종이에는 이각형이 없습니다. 다른 곳인들 존재할 수 있을까 싶네요. 친구들과 지구 곳곳을 샅샅이 수색해 보고 싶지만 당장 세계여행을 할 수도 없고 참 안타깝습니다. 지구본이나 돌리며 아쉬움을 달래 보죠. 그런데 잠깐, 지구본을 보다 보니 눈에 확 들어오는 것이 있네요?

(가로선 : 위도선 / 세로선 : 경도선)

지구본에는 위도선과 경도선이 무수히 많습니다. 경도선을 자세히 보세요. 어떤 경도선이건 지나는 두 점이 있습니다. 바로 북극과 남극입니다. 모든 경도선은 북극과 남극을 지나죠. 각 경도선에서 북극과 남극 사이의 길이는 모두 같을뿐더러 가장 짧습니다. 경도선은 북극과 남극을 지나며 길이도 같은, 서로 다른 선입니다.

경도선 중에서 딱 2개만을 고른다면 옆의 그림처럼 됩니다. 색칠된 도형을 보세요. 북극과 남극은 그 도형의 꼭짓점이 됩니다. 그 꼭짓점에서 서로 다른 선 2개가 만났네요. 만약 그 선이 변이라면, 변 2개로 둘러싸인 거니까, 색칠된 도형은 이각형이 됩니다.

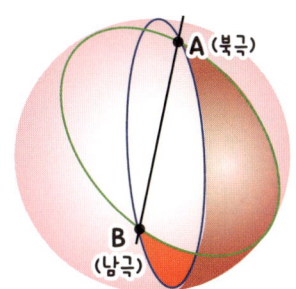

과연 저 선은 직선일까요, 곡선일까요? 우리의 눈에는 휘어져 있으니 곡선처럼 보입니다. 하지만 그 선을 직선으로 볼 수도 있습니다. 직선이라는 걸 보여 드리죠.

평평한 종이 위에 자를 대고 직선을 그어 보세요. 누구라도 인정하는 직선일 겁니다. 그 상태에서 평평한 종이를 구부려 보세요. 그러면 종이 위에 있던 직선도 같이 구부러져 보입니다.

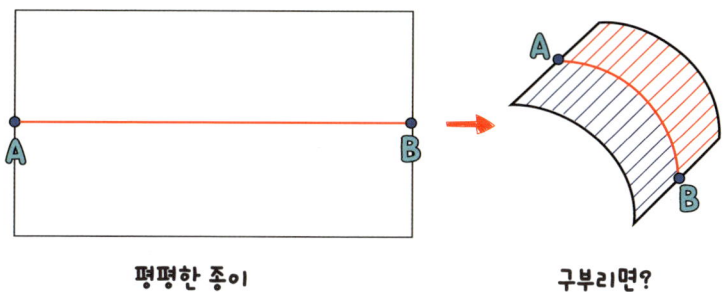

구부러진 저 선은 원래 직선이었습니다. 그러다가 종이 자체가 구부러져 저 선도 구부러졌습니다. 그러니까 구부러진 저 선은 구부러진 직선입니다. 직선을 어떤 면 위에서 그렸느냐에 따라 직선의 모양도 달라집니다. 그러므로 지구본 위의 저 도형은 이각형입니다.

지구 위에는 이각형이 있다

평평한 면 위에서 직선은 반듯합니다. 하지만 지구본 같은 곡면 위에서 직선은 곡선처럼 보입니다. 지구 위에 살고 있는 우리를 생각해 보세요. 우리는 땅 위에 반듯한 직선을 긋는다고 생각하겠지만, 지표면 자체가 구부러져 있으니 우주 바깥에서 보면 그 선은 곡선일 겁니다. 직선이지만, 곡선인 직선인 거죠.

직선인데 곡선이라고요? 말장난 같지만 그렇습니다. 직선을 반듯한 선이라고 보면 물론 말이 안 되죠. 하지만 직선과 곡선을 다루면서, 직선에 대한 다른 정의가 있었던 거 기억나지 않습니까?(127p) 직선이란, '두 점을 지나는 길이가 가장 짧은 선 또는 최단 경로인 선'입니다. 그런 직선이 평면에서는 반듯한 선이고, 곡면에서는 구부러진 선인 겁니다.

지구본에서 북극과 남극을 지나는 선인 경도선을 보세요. 그 경도선들은 모두 북극과 남극을 지나는 최단 경로입니다. 북극과 남극을 지나는, 거리가 가장 짧은 선인 거죠. 그러니 경도선들은 모두 지구본 위의 직선들입니다.

북극과 남극을 꼭짓점으로 하고, 두 점을 지나는 경도선 중에서 서로 다른 2개를 선택해 보세요. 그러면 2개의 변으로 둘러싸인 도형이 됩니다. 그 도형은 이각형입니다. **지구처럼 볼록하게 구부러져 있는 면에서는 이각형이 존재합니다.** 우리가 발 딛고 살아가는 이 땅에는 숨겨진 이각형이 무수히 많습니다. 그 정도로 이 땅은 각별하고 신비롭답니다.

24

원의 정의

원의 중심도 원의 일부일까?

 생각해보기

원은 중심으로부터 같은 거리에 있는 점들을 모아 놓은 겁니다.
그 중심을 원의 중심, 그 거리를 반지름이라고 합니다.
"그러면 원의 중심도 원의 일부일까요?"

 ✦ 원은 중심과 반지름으로!

    원은 동그란 곡선이어서, 직선을 긋는 것보다 그리기가 더 어렵습니다. 온 정신을 집중해서 원을 그린다지만, 그려 놓고 보면 울퉁불퉁한 감자 모양이 되고 맙니다. 정말 동그란 원을 그려 보고 싶어서,

쉬는 시간마다 칠판에다 원을 그려 보지 않았나요?

아무리 잘 그린다고 하더라도 손으로 원을 완벽하게 그릴 수는 없습니다. 꼭 어디엔가 허점이 있게 마련이죠. 그래서 사람들은 옛날부터 원을 그리기 위해 컴퍼스를 사용했습니다. 원하는 만큼 컴퍼스의 다리를 벌리고 중심을 찍은 다음 돌려 그리면 됩니다.

컴퍼스를 생각하면 원의 정의를 금방 이해할 수 있습니다. **원은 어떤 점으로부터 거리가 같은 점들을 모아 놓은 겁니다**(이처럼 같은 성질의 것들을 모아 놓은 걸 집합이라고 한답니다). 그 어떤 점을 원의 중심, 같은 거리를 반지름이라고 해요. 컴퍼스의 다리 하나가 원의 중심 역할을 하고, 다른 하나가 반지름의 역할을 합니다.

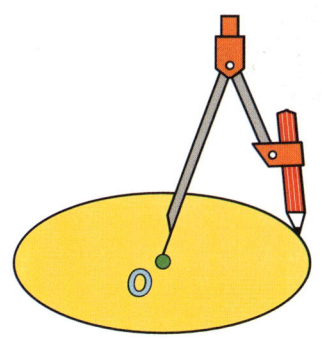

원의 정의를 살펴보자

원의 정의에는 원의 중심과 반지름이라는 말이 들어갑니다. 그러다 보니 원의 중심도 원의 일부라고 생각할 수도 있습니다(제가 그

랬답니다). 원을 그릴 때는 중심을 찍고 원을 그리기 때문이었죠. 그런데 과연, 원의 중심도 원의 일부분일까요?

이 문제에 대한 답을 알려면 무엇을 살펴봐야 할까요? 가장 좋은 것은 원을 그린 그림이 아니라, 원에 대한 정의입니다. 수학에서 어떤 대상이 무엇인가를 가장 엄격하게 설명해 놓은 게 정의잖아요. 그러니까 원의 정의를 보면 원의 중심이 원에 속하는지 속하지 않는지 결론을 내릴 수 있습니다.

원의 중심은 원이 아니다

원은 어떤 한 점으로부터 거리가 같은 점들의 집합입니다. 핵심만 뽑아 이 정의를 줄여 본다면, '원은 점들의 집합'입니다. 어떤 점들을 모두 모아 놓은 게 원이죠. 다만 그 점들에는 조건이 하나 있습니다. 중심으로부터 거리가 같아야 합니다.

원은 특정 조건을 만족하는 점들의 집합입니다. 그 점들이 원입니다. 컴퍼스가 한 바퀴 돌면서 그려 낸 선, 그게 바로 원인 거죠. 그러므로 원의 중심은 원의 일부가 아닙니다. 원의 중심은 원을 그리기 위해 중간에 필요한 수단일 뿐입니다. 목적지에 도달하기 위해 지나쳐 가야 할 경유지 같은 거죠.

원의 중심은 원이 아니지만, 원의 내부에는 속합니다. 원의 중심처럼 원의 내부에 속하는 모든 점들도 원은 아니지만 내부를 이루죠. 원의 내부는 그 범위가 정해져 있습니다. 정해진 그 크기가 바로 원의 넓이입니다.

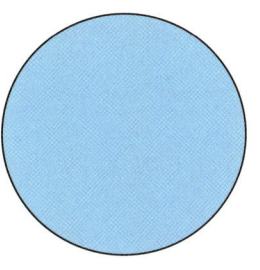

원의 내부의 크기가 원의 넓이다.

다각형과 다면체 그리고 내부

원의 중심이 원의 일부가 아니라는 걸 이해한다면, 평면도형이나 입체도형의 내부에 있는 점들도 평면도형이나 입체도형의 일부가 아니라는 사실을 이해할 수 있습니다.

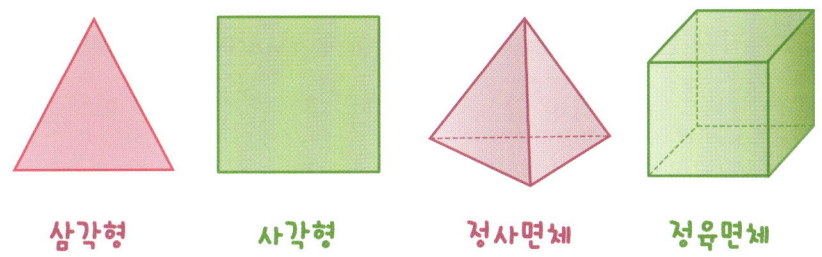

삼각형   사각형   정사면체   정육면체

삼각형은, 세 변으로 둘러싸인 평면도형입니다. 표현을 달리 하면 둘러싸여 있는 세 변이 삼각형인 거죠. 그러므로 삼각형의 내부에 있는 점들 역시 삼각형의 일부가 아닙니다. 변과 변에 있는 점들만이 삼각형에 속합니다.

정육면체는 정사각형 6개로 둘러싸여 있는 입체도형입니다. 그러므로 둘러싸여 있는 정사각형 6개가 정육면체입니다. 그 정사각형의 안쪽에 속한 점들 역시 정육면체가 아닙니다. 정육면체를 둘러싸고 있는 정사각형 6개에 있는 점이나 선, 면이 정육면체에 속합니다.

평면도형이나 입체도형이나 그 경계를 이루는 점, 선, 면이 도형의 부분들입니다. 그 경계가 아닌 내부나 외부는 도형에 속하지 않습니다. 대신 평면도형이나 입체도형은 일정한 공간을 둘러싸고 있어서 그 크기를 계산할 수 있습니다. 평면도형이 차지하는 내부의 크기가 넓이, 입체도형이 차지하는 내부의 크기가 부피입니다.

평소에 수학 책을 보면 도형의 내부가 똑같이 색칠되어 있는 경우가 많습니다. 그래서 도형의 내부도 도형에 속한다고 생각할 만하죠. 하지만 한 번 의문을 가지고 판단해 보면, 맞다고 생각했던 것이 실은 틀렸다는 걸 금방 알 수 있습니다. 이것이 힘들지만 지식을 탐구해 가는 짜릿한 즐거움이랍니다.

25

원의 조건

식상한 건 싫어. 동그랗지 않은 원은 없을까?

원은 하나같이 동그랗습니다.
하지만 원이 꼭 동그래야 한다는 법은 없습니다.
한 점으로부터 일정한 거리만 떨어져 있는 점들이면 되죠.
"동그랗지 않은 원이 있는 세계도 있을까요?"

 동그랗지 않은 **원의 세계**

    친구들끼리 손을 잡고 컴퍼스처럼 돌면 큰 원이 그려지죠? 원들은 모두 동그랗습니다. 곡선이기는 하지만 컴퍼스의 원리를 적용하

면 그리기가 오히려 더 쉽습니다. 그래서인지 주위에는 원 모양의 물건이 많습니다. 태양도, 접시도, 동전도, 눈동자도 원형입니다.

그런데 동그랗지 않은 원을 본 적 있나요? 없을 겁니다. 아마 그런 원을 상상조차 해 보지 못했을 겁니다. 원이라고 하면 당연히 동그란 모양이니까요.

하지만 원이 꼭 동그래야 한다는 법은 없습니다. <u>동그란 게 원이라고 정해져 있지도 않아요.</u> 원의 정의를 되새겨 보세요. <u>'어떤 점으로부터 거리가 같은 점들의 집합'이 원입니다.</u> 이 정의를 아무리 뒤져 봐도 동그란 모양이어야 한다는 말은 없잖아요? 한 점으로부터 거리가 같은 점들의 집합이기만 하면 원이라고 말하고 있습니다.

원의 정의에서는 모양을 전혀 언급하지 않습니다. 그러니 모양이 어떻게 되든 상관이 없습니다. 동그랗지 않은 원도 상상해 볼 가능성이 있는 거죠.

거리의 조건을 바꾸면 달리 보인다

보통의 원이 동그란 이유는, 원의 조건에서 언급하는 '거리'의 개념 때문입니다. 두 점 사이의 거리를 잴 때 어떻게 하죠? 두 점 사이에 직선을 긋고, 그 직선의 길이를 측정합니다. 두 점이 향하는 방향과는 상관이 없습니다. 어느 방향이건 직선을 그어서 거리를 측정하죠. 그런 거리를 '**직선거리**'라고 합니다. 직선거리를 적용해서 원을 그리니까 동그란 원이 되는 겁니다.

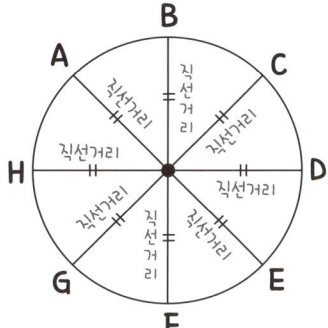

그럼 거리의 조건을 살짝 바꿔 보면 어떻게 될까요? 거리를 측정할 때 방향에 제한을 두는 겁니다. 수평과 수직으로 이동할 경우의 거리로 바꿔서 살펴보죠. **두 점을 바로 잇는 직선의 길이가 아니라, 수평과 수직으로만 이동할 때의 길이를 거리로 사용하는 겁니다.** 수평과 수직으로만 이동할 때의 거리는 많은데, 그중 최솟값이 두 점 사이의 거릿값입니다. 마치 도로로만 달리는 택시가 이동하는 거리 같다고 해서 '**택시거리**'라고 합니다.

택시거리는 처음 이론적인 호기심으로 만들어졌습니다. 거리의 조건을 달리 하면 어떻게 될까 하는 상상력을 통해 탄생했죠. 최근에는 내비게이션이나 장기 또는 바둑과 같은 게임에서 간접적으로 응용되고 있습니다. 모두 수평과 수직으로 이동하는 거리가 적용되는 곳이잖아요.

 **수평과 수직으로만 이동할 때의 거리 = 택시거리**

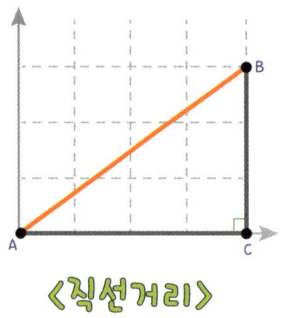
〈직선거리〉

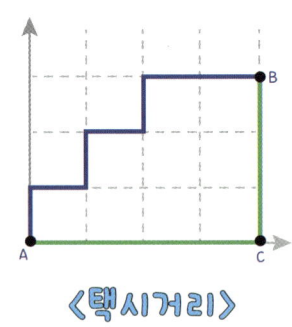
〈택시거리〉

왼쪽은 일반적인 거리인 직선거리이고, 오른쪽이 택시거리입니다. A에서 B까지의 직선거리는 5입니다. 하지만 택시거리를 적용하면 값이 달라집니다. 수평과 수직으로만 이동할 경우의 거리는 7입니다. 수평거리가 4, 수직거리가 3이죠. 수평과 수직으로 이동 가능한 경로는 하나가 아닙니다. 빙 돌아서 갈 수도 있죠. 하지만 그 최솟값이 7이기에 택시거리는 7입니다.

거리의 조건은 공간의 특성을 반영합니다. 아무 방향으로나 움직일 수 있는 공간이라면, 두 점 사이의 거리는 직선거리로 측정합니다. 반면에 수평이나 수직으로만 움직일 수 있는 공간이라면, 두 점 사이의 거리는 택시거리로 측정해야 합니다. 공간이 달라서 거리도 달라진 겁니다.

택시거리에서는 동그랗지 않은 원이 존재한다

이제 원을 다시 그려 보겠습니다. 단, 조건을 바꾸겠습니다. '거리'에 직선거리 말고 택시거리를 적용하는 거예요. 한 점으로부터 택시거리가 2인 점을 찍어 보겠습니다. 눈금 하나의 간격이 1인 모눈종이라면 ①처럼 찍힐 겁니다. 눈금의 간격을 0.5로 더 좁힌다면 택시거리가 2인 점은 ②처럼 찍힙니다. 그 간격을 더 촘촘하게 하면 ③처럼 돼 버립니다.

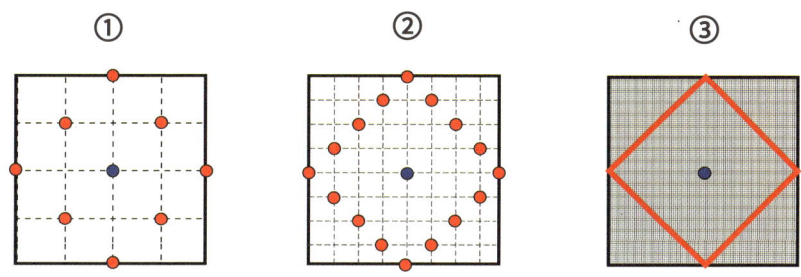

방금 그린 도형이 뭐였죠? 중심으로부터 거리가 2인 점들의 집합이었습니다. 즉, 반지름이 2인 원을 그렸던 겁니다. 그 원은 어떤 모양인가요? 간격을 촘촘하게 할수록 그 점들이 그리는 모양이 선명하게 드러나네요. 바로 옆으로 세워진 정사각형입니다.

③은 우리에게 익숙한 정사각형 같지만 여기서는 정사각형이 아닙니다. 원입니다. 원의 정의를 만족하니까 원인 거죠. **공간이 달라지고 거리의 조건이 달라지자, 동그랗지 않고 네모난 원이 되었습니다.**

너무나 당연해 보이는 것들도 조건을 달리 하면 다르게 보입니다. 이 택시 기하의 세계가 대표적이에요. 거리에 대한 발상의 전환이 상상조차 못했던 새로운 모습의 원을 만들어 냈네요. 사실 아인슈타인이 상대성 이론을 발견하게 된 것도 비슷하답니다. 빛의 속도가 계속 증가할 것이라는 조건을, 빛의 속도가 일정하다는 조건으로 바꿨더니 등장한 게 상대성이론이었습니다. 조건을 다르게 설정해 보는 사고 훈련을 하면 아인슈타인처럼 새로운 세상을 엿볼 수 있을 거예요. 알면 알수록 신기한 수학 세상이죠?

26

원주율의 역사

3.14159265…라는 원주율, 어쩌다가 구할 생각을 했을까?

원주율(π)은 원둘레가 지름의 몇 배인가를 말합니다.
그 값은 약 3.14죠. 원둘레가 지름의 약 3.14배입니다.

"왜 원주율을 구할 생각을 했을까요?"

원의 상징, 원주율(π)

원주율(π)이란, 원주의 비율을 줄인 말입니다. 원주(圓周)는 한자인데 '원둘레'라는 뜻이고요. 그러니 원주율은 원둘레의 비율이죠.

PART 3. 도형　　　　　　　　　　　　　　　　　　　163

그 기준이 원의 지름입니다. 정리하면 <u>원주율은 '원의 지름에 대한 원둘레의 비율'입니다</u>. 원둘레의 길이를 원의 지름으로 나눈 값이죠. 즉, 원둘레의 길이가 원의 지름의 몇 배인가를 말합니다. 원둘레의 길이는 지름의 약 3.14배입니다.

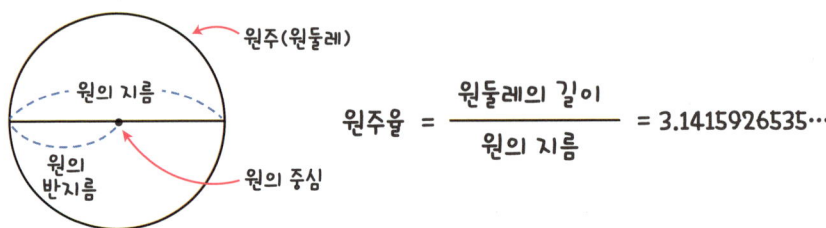

고대인들은 일찌감치 원주율을 눈치 챘습니다. 원의 크기가 다르더라도, 원둘레의 길이는 원의 지름에 일정한 값을 곱한 것과 같다는 걸 말이죠. 그 일정한 값만 알면 원둘레의 길이를 쉽게 구할 수 있습니다. 원의 지름에 그 값인 원주율을 곱하면 되잖아요.

틀에서 벗어난 원의 넓이 구하기

원주율이라는 값을 왜 생각하고 계산하게 됐을까요? 원주율을 생각하게 된 직접적인 계기는 넓이 문제였습니다. 원의 넓이를 구하려면 원주율이 꼭 필요했거든요.

도형의 넓이를 구하는 기본 원리는 단순합니다. 어떤 형태의 도형이든, 그 도형과 넓이가 같은 직사각형으로 바꾸는 겁니다. 넓이를 정확히 구할 수 있는 도형은 오직 직사각형이니까요. 삼각형이나 평행사변형, 마름모의 넓이도 직사각형으로 바꿔서 계산했습니다.

원의 넓이도 똑같이 구해야 합니다. 원을 직사각형으로 바꾸는 거죠. 그런데 이 문제가 굉장히 어려웠습니다. 원은 곡선인데 직사각형은 직선이었기 때문이죠. 그래서 고대인들은 원의 넓이를 구할 때 오차가 있는 근삿값을 구하는 것으로 만족했습니다. 넓이를 계산하는 데 필요한 원주율 역시 3이라는 근삿값을 대표적으로 사용했죠. 그러다가 2,300년 전, 고대 그리스의 수학자 아르키메데스가 특별한 아이디어로 원의 넓이를 아주 정확하게 계산해 내는 방법을 고안했답니다.

원을 직각삼각형으로

원을 통째로 직사각형으로 바꾸는 건 불가능했습니다. 그래서 아르키메데스는 다른 아이디어를 생각해 냈습니다. 원을 조각낸 뒤 다시 합쳐서 직사각형으로 바꾸는 것이었죠.

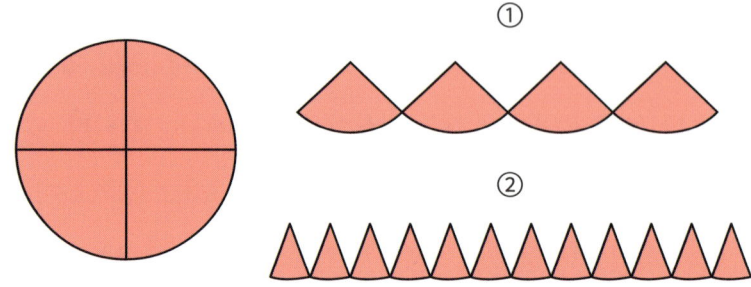

원을 4조각으로 나눠서 펼쳐 놓으면 ①처럼 됩니다. 조각의 수를 더 늘려 펼쳐 놓으면 ②처럼 되죠. ①과 ② 각 조각의 밑변에 해당하는 길이를 모두 더하면, 원래 원의 원둘레가 됩니다.

조각의 개수를 무한히 많게 하면 어떻게 될까요? 각 조각의 밑변은 거의 직선이 되어, 각 조각은 거의 이등변삼각형이 됩니다. 그 정도로 나눴다면 각 조각을 그냥 이등변삼각형으로 생각해도 됩니다. 그리고 한 원을 똑같은 모양으로 잘게 나눈 것이므로, 각 삼각형의 높이는 반지름과 거의 같습니다.

아르키메데스는 ②에 삼각형의 성질 하나를 적용합니다. 밑변과 높이가 같은 삼각형은 모양이 다르더라도 넓이가 같다는 겁니다. 삼각형의 넓이는 '밑변×높이÷2'인데, 밑변과 높이가 같은 삼각형들이니 넓이도 같습니다.

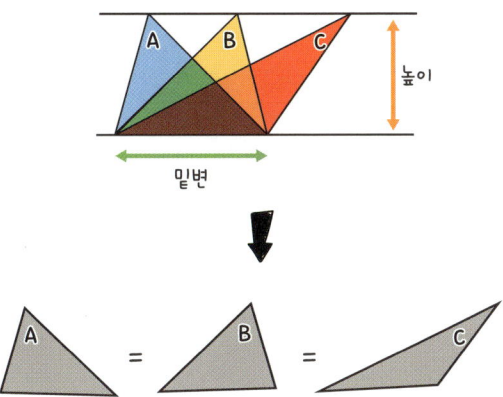

아르키메데스는 이 성질을 적용해서 아래처럼 조각 a를 a′로, b를 b′로, c를 c′로 바꿨습니다. 그러면 B는 C로 바뀌지만, 넓이는 똑같습니다. 그런데 C는 넓이를 구할 수 있는 직각삼각형입니다. 높이는 원의 반지름이고, 밑변의 길이는 원둘레의 길이가 되죠.

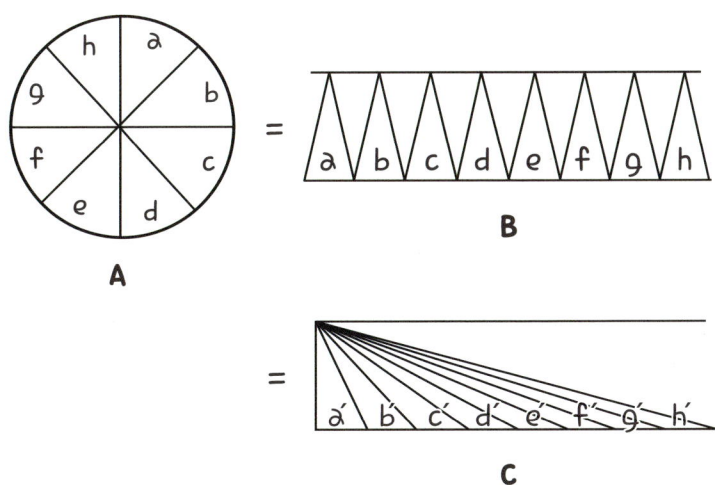

원의 넓이를 구하려면 원주율이 필요하다

<u>원은 직각삼각형이 되었습니다. 그러므로 원의 넓이는 그 직각삼각형의 넓이인, '원둘레×반지름÷2'와 같습니다.</u> 따라서 이 직각삼각형의 넓이를 알려면 원둘레의 길이를 알아야 합니다. 원둘레의 길이는, 원의 지름에 원주율을 곱하면 되죠.

원의 넓이 = 직각삼각형의 넓이 = 원둘레×반지름÷2
= (원의 지름×원주율)×반지름÷2

<u>원의 넓이를 구하려면 결국 원주율을 알아야만 했습니다. 그래서 고대인들이 원주율을 구해 내고자 노력했던 거랍니다.</u> 그럼 아르키메데스는 원주율의 값도 구했을까요? 네, 그랬습니다. 아주 획기적인 방법으로요. 우리가 원주율의 근삿값으로 알고 있는 3.14를 바로 아르키메데스가 구했답니다. 그의 방법을 간단히 살펴볼까요?

아르키메데스의 끈기로 구한 원주율

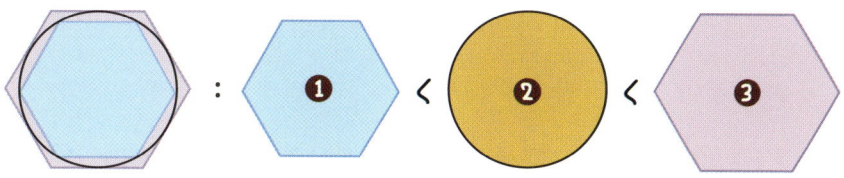

원②와 원 안에서 접해 있는 정육각형①, 원 밖에서 접해 있는 정육각형③이 있습니다. 크기로 보면 ① < ② < ③입니다. 각 도형의 둘레도 ① < ② < ③입니다. 즉 원둘레는 ①의 둘레보다는 크고 ③의 둘레보다는 작습니다.

①의 둘레 < 원둘레 < ③의 둘레

여기서 각 값을 원의 지름으로 나눠 주면 결과는 이렇습니다.

$$\frac{\text{①의 둘레}}{\text{원의 지름}} < \frac{\text{원둘레}}{\text{원의 지름}} = \text{원주율} < \frac{\text{③의 둘레}}{\text{원의 지름}}$$

$\frac{원둘레}{원의 지름}$가 무엇이죠? 바로 원주율입니다. 위의 식은 원주율의 범위를 알려 줍니다. ①과 ③은 다각형이기에 그 둘레를 계산할 수 있습니다. 그 값과 원의 지름값을 위 식에 집어넣으면 원주율의 범위를 얻게 됩니다. 만약 원에 접하는 도형을 정육각형이 아닌 정12

각형, 정24사각형으로 바꾼다면 원주율의 범위는 더 좁혀지죠.

아르키메데스는 이 아이디어로 원주율의 범위를 구했습니다. 그는 원에 정96각형을 접하게 해서 원주율의 범위를 계산했습니다. 정말 지독한 사람이죠? 그래서 얻어 낸 원주율의 근삿값이 3.14입니다. 이후 수학자들은 계산을 더 정밀하게 해서 더 정확한 원주율을 얻어 냈습니다.

결국 원주율은 어떤 수들도 반복되지 않는 무한소수라는 게 밝혀지고 맙니다. 그 값을 정확하게 알 수 없다는 거죠. 그래서 원주율의 값을 숫자가 아닌 기호 '파이(π)'로 나타내는 겁니다.

3월 14일은 연인들 간에 초콜릿을 주고받는 화이트데이로만 알고 있죠? 하지만 수학자들은 3월 14일을 원주율의 근삿값인 3.14를 기념하는 날인 '파이 데이'라고 부릅니다. 초콜릿도 좋지만 이번 3월 14일에는 파이를 먹으며 원주율의 기나긴 역사를 배워 보는 건 어떨까요? 3.14를 알려 준 아르키메데스에게 특별한 고마움도 전해 보고요.

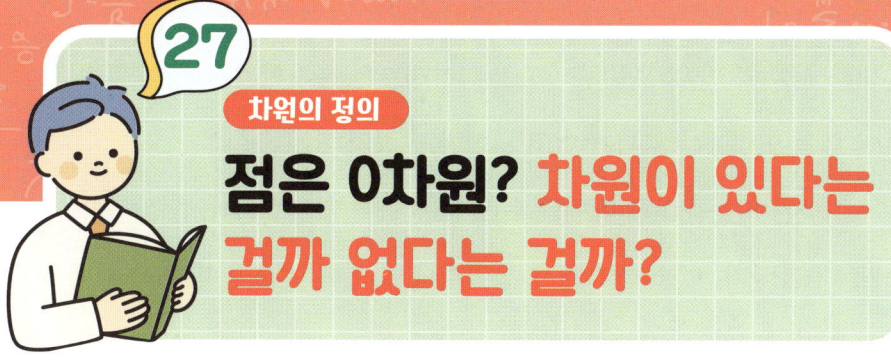

27 차원의 정의
점은 0차원? 차원이 있다는 걸까 없다는 걸까?

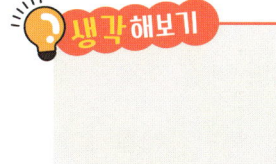

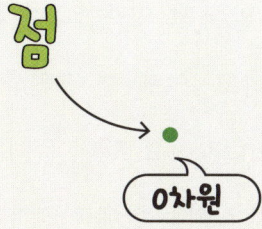

우리가 살아가는 공간은 3차원입니다.
직선은 1차원, 평면은 2차원이죠.
점은 0차원입니다.
"0차원이라면 차원이 있다는 건가요, 없다는 건가요?"

 차원의 뜻

우리는 3차원 공간에서 살아간다는 말 들어 봤죠? 앞뒤와 좌우 뿐만 아니라 위아래로도 움직일 수 있기 때문입니다. 그래서 3차원 도형인 입체도형은 부피를 가집니다. 종이 위 같은 평면은 2차원입

니다. 앞뒤와 좌우로만 움직이고, 위아래로는 움직이지 못하죠. 그 평면 위의 도형에는 부피가 없고 넓이만 있습니다.

차원이 높을수록 이동할 수 있는 방향이 많아집니다. 할 수 있는 게 더 많아지는 거죠. 그래서 실력이나 수준이 높은 사람을 차원이 높은 사람이라고 말한답니다.

우리는 차원이라는 말에 꽤 익숙합니다. 하지만 차원 자체만 툭 떼어 가지고, 차원이 뭐냐고 묻는다면 답변하기가 좀 난감해집니다. 차원이라는 말 자체가 어렵잖아요. 말만 들어 가지고는 차원이 뭔지 연상되지 않습니다. 알 것 같기는 한데 설명하기는 힘들죠.

보통은 차원을 움직일 수 있는 방향의 개수로 설명합니다. 1차원은 한 방향, 2차원은 두 방향으로 움직일 수 있다는 식입니다.

수학에서 말하는 차원이란?

하지만 움직일 수 있는 방향이 차원이라는 설명은 오해를 살 만한 구석이 있습니다. 2차원인 종이 위에 있는 한 점에서 움직일 수 있는 방향은 좌우와 앞뒤만이 아니지 않나요? 45° 각도처럼 다양한 각도로 움직일 수 있습니다. 그러면 평면의 차원은 2보다 더 커져 버립니다. 그런 오해가 없게 하려면, 차원의 뜻을 엄밀하게 정의해야 합니다.

차원이란, '점의 위치를 표현하기 위해 필요한 수의 최소 개수'입니다. 어떤 공간에 있는 서로 다른 점의 위치를 서로 다르면서도 유일하게 표현할 수 있어야 합니다. 그럴 때 필요한 수의 최소 개수가 차원입니다.

1차원과 2차원

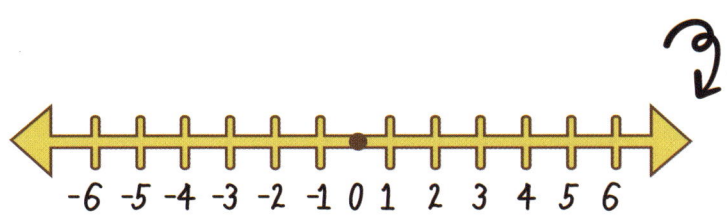

직선으로만 존재하는 공간을 생각해 보세요. 직선 위에서만 줄타기를 하듯이 움직일 수 있는 그런 공간을요. 그 선 위에 있는 점들의 위치를 서로 다르게 표현해 줘야 합니다. 방법은 간단합니다. 그 선을 수직선 위에 올려놓는 겁니다. 그러면 모든 점들의 위치는 수 하나로 표현됩니다. 그러니까 직선은 1차원입니다.

이번에는 종이 같은 평면 공간입니다. 평면 위에 있는 모든 점의 위치를 서로 다르게 표현해야 합니다. 몇 개의 수가 필요할까요? 그와 비슷한 상황이 있습니다. 영화관에서 볼 수 있는, 3행 2열이나 7행 7열 같은 좌석 번호입니다. 영화관의 좌석은 평면과 같습니다. 그런데 그 모든 좌석들의 위치는 딱 2개의 수만으로 정확하게 표현됩니다. 헷갈리거나 중복되는 경우가 전혀 없습니다.

평면 위에 있는 점들의 위치는 수 2개면 충분합니다. 2개만으로도 모든 점의 위치를 다르게 나타낼 수 있습니다. 그러니까 평면은 2차원입니다. 평면 위의 점들을, 수직선 2개를 수직으로 교차해 둔 공간에 올린 것과 같습니다.

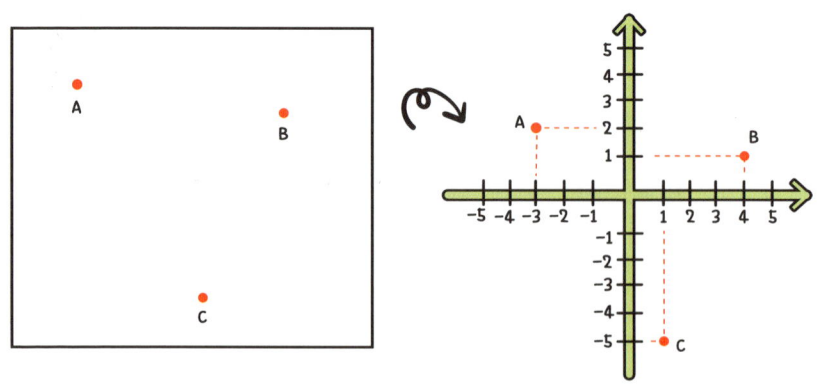

 **점에는 수가 필요하지 않다**

그러면 점 하나만 존재하는 공간의 차원은 어떻게 될까요? 그곳에는 딱 하나의 점만 외로이 있고, 다른 그 어떤 것도 존재하지 않습니다. 얼핏 생각하면 그 점에도 수 하나가 필요할 것 같지 않습니까? 그 점의 위치를 알려 주는 수 말입니다. 그렇다면 점 역시 1차원일 겁니다.

그러나 그곳에는 점 하나만 있습니다. 그러니까 다른 점과 구별해 줄 필요가 없습니다. 수 자체가 필요하지도 않습니다. 혼자만 있는 세상에서는 굳이 이름이 필요하지 않은 것과 똑같습니다. 이름이라는 건 다른 사람이 있을 때 서로 구별해 주기 위해 필요한 거잖아요. 혼자라면 아예 이름이 필요 없습니다(굳이 구별해 줄 필요가 없으니 편하겠지만, 무척 외롭겠네요).

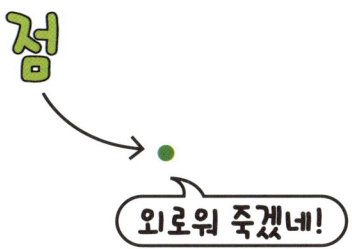

점 하나만 있는 곳에서는 다른 점과 구분해 줄 필요가 없습니다. 그러므로 점의 위치를 표시하기 위한 수도 필요치 않습니다. 점의 위치를 구분 지어 줄 차원 자체가 필요 없다고 말할 수 있는 셈이죠.

차원이 0이라고 말해 주자!

하지만 <u>수학은 점에 차원이 없는 게 아니라 차원이 0이라고 말합니다.</u> 아무것도 없다기보다는 0이 있다고 말해 주는 거죠.

왜 0차원이라고 말하는 길을 선택했을까요? <u>그러면 도형에서 등장하는 점, 선, 면 등에 모두 차원이 존재하게 됩니다.</u> 만약 점에는 차원이 없다고 해 보세요. 어떤 도형에는 차원이 있고, 어떤 도형에는 차원이 없게 됩니다. 아무리 작아도 점 역시 도형입니다. 점에만 차원이 없다면 점의 체면이 깎이지 않겠습니까? 도형에 대한 통일성도 사라지고요. 그러기보다는 0차원을 도입해 점도 차원을 갖도록 해 준 겁니다. 이왕이면 더불어 살아야죠. 좋은 게 좋은 거잖아요.

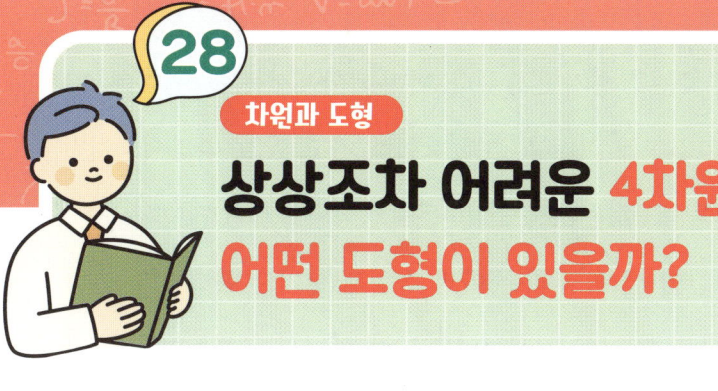

28. 차원과 도형
상상조차 어려운 4차원에는 어떤 도형이 있을까?

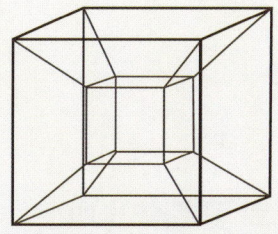

1차원의 도형은 선.
2차원의 도형은 정사각형.
3차원의 도형은 정육면체입니다.
"그럼 4차원의 도형은 뭘까요?"

 **4차원** 공간과 도형은?

    태어나서 죽기까지, 우리가 열심히 살아가는 차원은 3차원입니다. 집도 3차원, 학교도 3차원, 서랍 속 작은 공간도 3차원이죠. 차원은 우리가 살아가는 3차원에서 끝날까요? 현실적으로는 끝인 것 같

지만, 수학적으로는 그렇지 않습니다. 이미 과학에서는 4차원이네, 10차원이네, 11차원이네 하며 우주를 탐험해 가고 있죠. 따라서 <u>4차원 공간과 그 공간을 대표하는 도형도 얼마든지 상상해 볼 수 있답니다.</u>

4차원 공간의 세계, 우리는 아직 경험해 보지 못했습니다. 그렇기에 그 세계가 어떤 곳인지 경험담을 말해 주지는 못합니다. 하지만 수학을 통해 추측해 볼 수는 있습니다. 차원이 보여 주는 패턴을 잘 파악하면 상상해 볼 수 있죠.

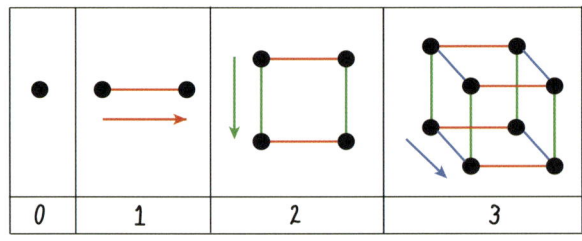

0차원인 점은, 이동 가능한 방향이 하나도 없어서 그냥 멈춰 있어야 합니다. 거기에 좌우 방향을 하나 더하면 그 방향을 따라 점이 이동할 수 있습니다. 그러면 1차원인 선이 만들어집니다. 거기에 정반대 방향인 위아래를 또 하나 추가해 볼까요? 그러면 선이 위아래로도 움직이면서 2차원인 정사각형이 만들어집니다.

3차원 공간은 2차원 공간에 또 다른 방향 하나를 더하면 됩니다. 이전에는 없던 방향인 앞뒤를 더해 볼까요? 그 방향으로 2차원 정사각형을 밀고 가면 만들어지는 게 정육면체입니다. 이렇듯 차원이 늘어난다는 것은, 이전에 없던 방향 하나가 추가되는 겁니다.

 **4차원 도형은 어디로 나아가야 할까?**

이제 4차원 도형을 만들어 보겠습니다. 3차원 공간에 없던 새로운 방향을 추가해서, 그 방향으로 정육면체를 밀고 가면 됩니다. 근데 그 새로운 방향이 어디인지, 우리의 경험으로는 짐작조차 할 수 없습니다. 우리의 감각은 4차원 이상을 경험해 본 적이 없기 때문이죠. 그러니 <u>4차원부터는 생각을 통해 상상하며 밀고 가야 합니다. 정육면체를 또 하나의 새로운 방향으로 밀고 갔을 때 만들어지는 도형이 4차원의 도형입니다.</u>

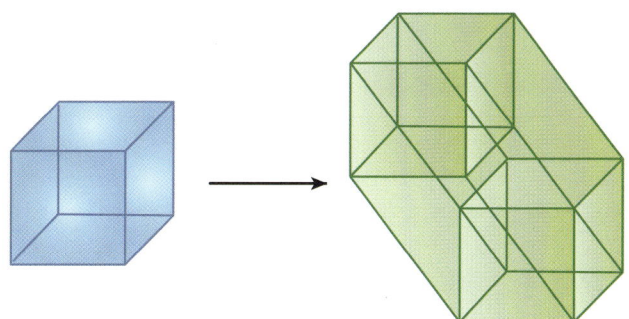

4차원 도형을 그리기는 그렸지만 정확한 건 아닙니다. 어떻게 해도 4차원 도형을 2차원 평면 위에 표현할 수는 없으니까요. 각자의 상상력이 미치는 만큼 재주껏 시도해야 합니다. 그러나 패턴을 잘 파악한다면 어떤 도형인지를 구체적으로 추측해 볼 수는 있습니다.

4차원 도형의 성질은?

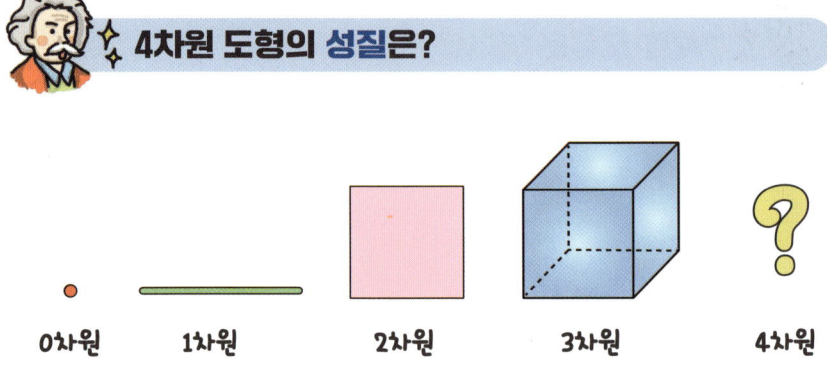

	0차원	1차원	2차원	3차원	4차원
도형의 경계	없다	점	선	정사각형	정육면체
경계에 있는 도형의 개수	0	2	4	6	8

1차원 직선의 경계는 점이고, 2차원 정사각형의 경계는 선이고, 3차원 정육면체의 경계는 정사각형입니다. 2차원 도형의 경계는 1차원 도형이고, 3차원 도형의 경계는 2차원 도형이고요. 이 패턴대로라면 4차원 도형의 경계는 3차원 도형인 정육면체여야 합니다. 4차원 도형은 일단 정육면체로 둘러싸여 있을 겁니다.

그럼 4차원 도형은 몇 개의 정육면체로 둘러싸여 있는 걸까요? 0차원인 점에는 경계가 없고, 1차원인 선은 0차원인 점 2개로 싸여 있습니다. 2차원인 정사각형은 1차원인 선 4개로 싸여 있죠. 3차원인 정육면체는 정사각형 6개로 싸여 있습니다. 경계에 있는 도형들의 수를 나열해 보면 0, 2, 4, 6입니다.

0, 2, 4, 6은 2씩 증가하는 수열입니다. 2씩 증가하는 이 패턴대로라면 4차원 도형은 몇 개의 정육면체로 싸여 있을까요? 수열의 패턴에 따라 8개가 됩니다. 정육면체 8개로 둘러 싸여 있을 겁니다.

정육면체 8개로 둘러싸여 있는 도형, 상상이 되나요? 4차원의 그 도형이 어떻게 생겼는지 잘 모르겠다고요? 당연합니다. 우리는 그 도형이 있는 4차원의 세계를 경험해 보지 못했으니까요. 우리의 가려움을 긁어 주기 위해 초현실주의 화가인 '살바도르 달리'라는 분이 4차원 도형을 그려 놓은 게 있습니다. <십자가형(crucifixion, 1954)>이란 작품인데, 예수가 4차원 도형 위에 매달려 있는 그림이랍니다.

29 공간과 삼각형
우주에 나가 보지 않고도, 지구가 둥글다는 걸 알 수 있을까?

(출처: NASA)

지구는 둥급니다.
우주에서 찍은 사진을 보면 확실히 알 수 있습니다.
하지만 우주에 나가지 못하면 지구가 둥글다는 걸 눈으로 볼 수 없죠.
"지구가 둥글다는 걸 수학만으로도 알아낼 수 있을까요?"

 파랗고 아름다운, 둥근 지구

우주에서 본 지구의 모습입니다. 둥그렇죠? 지구 밖에서 찍은 사

진인 만큼 지구가 어떤 모양인가를 확실하게 보여 줍니다. 하지만 이렇게 눈으로 볼 수 있음에도 지구는 평평하다고 주장하는 사람들이 여전히 있습니다. 우주에 나가지 못했던 옛날에는 지구가 평평하다는 주장이 대세였죠. 고대 사람들은 생각했습니다. 지구는 평평해서 한쪽 끝으로 계속 나아가면 세상의 끝에 도달할 거라고요. 더 나아가면 폭포수와 함께 떨어져 죽을 것이라고 믿었죠.

그런데 지구는 둥글다고 주장했던 사람들이 예전에도 있었습니다. 그들은 과학의 힘을 이용했죠. 일식이나 월식 때 비친 지구의 모습을 보세요. 둥그렇습니다. 먼바다를 향해 나아가는 배가 사라져 가는 모습도 간접적인 증거입니다. 갑자기 전체가 사라지는 게 아니라, 배의 아랫부분부터 서서히 사라지잖아요. 둥글다고 해야 설명이 가능한 현상입니다.

또한 몸으로 직접 증명한 사람도 있습니다. 포르투갈의 항해가 마젤란 선단은 1519~1522년에 걸쳐 지구 일주 항해를 했습니다. 지구가 둥글다는 것을 몸으로 증명했죠(그는 항해 도중 사망했지만 그의 선원들이 완주를 했답니다).

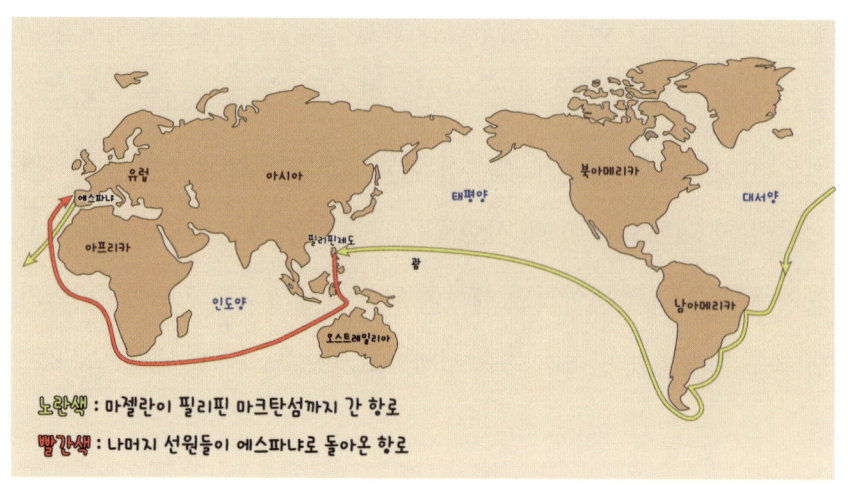

 지구가 둥글다는 걸 증명할 수 있는 확실한 방법은, 지구의 모습을 직접 보여 주는 겁니다. 하지만 그러려면 지구 밖 우주로 나가야 한다는 게 문제입니다. 21세기인 지금도 지구 밖으로 나가 본 사람은 극히 소수에 불과하잖아요. 지구가 둥글다는 걸 우리가 직접 확인하려면 냉동인간으로 있으면서 우주여행이 자유로워지는 때까지 기다려야 하는 걸까요?

 다른 방법은, 생각으로 지구를 바라보는 겁니다. 땅 위에서 있기는 하지만, 이런저런 사실을 통해서 지구가 둥글다는 것을 알아내면 됩니다. 나뭇가지가 갑자기 흔들렸다면 눈에 보이지 않는 바람이 불었기 때문이라고 아는 것처럼 말입니다. 앉아서 천리를 내다보는 방법이죠. 그때 아주 유용한 게 수학입니다.

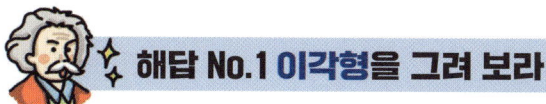

해답 No.1 이각형을 그려 보라

지구가 평면일지 휘어져 있는 곡면일지를 수학적 사실을 통해 추측해 보죠. 방법은 간단합니다. 평면에서만 보이는 특징과 곡면에서만 보이는 특징을 알아두면 됩니다. 그리고 지구에서는 어떤 특징이 나타나는지 확인하면 되죠. 평면이나 곡면 모두에서 보이는 특징은 곤란합니다. 그런 특징으로는 어느 경우인지 알 수가 없으니까요.

평면에서는 이각형이 존재할 수 없다고 했던 걸 기억하나요?(147p). **하지만 공 같은 곡면에서는 이각형이 존재할 수 있지요. 그러니 지구 위에서 이각형을 그릴 수 있는지 없는지를 확인해 보면 됩니다.** 예를 들어, 북극으로부터 남극을 향해서 2개의 다른 직선을 그으며 떠나 보는 거죠. 그 결과 이각형이 그려진다면, 지구는 둥글다고 결론을 내릴 수 있습니다. 그려지지 않는다면 지구는 평평한 거고요. 당장 마젤란처럼 배를 준비해서 북극으로 가야겠군요.

해답 No.2 삼각형의 각의 합을 측정해 본다

또 하나 아주 쉽고 간단한 방법이 있습니다. 삼각형의 각을 모두 더하면 180°가 된다는 사실, 학교에서 배웠죠? 도형에서 꼭 알아 둬야 할 기초 지식입니다. 그런데 평면 위의 삼각형일 경우에만 내각의 합이 180°입니다.

공처럼 둥그런 면 위에 있는 삼각형의 각의 합은 다릅니다. 옆의 그림을 보면 그 사실을 확인할 수 있죠. 이 그림은 공 위에 그린 삼각형 ABC입니다. 각 A와 각 B, 각 C 모두가 90°입니다. 각 3개의 크기를 모두 더하면 270°가 됩니다.

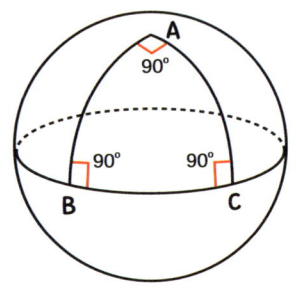

공처럼 둥근 면 위의 삼각형에서는 세 각의 합이 180°보다 더 큽니다. 지구는 워낙 커서 작은 삼각형을 그려서는 이 사실을 확인하기 힘듭니다. 북극을 점 A로 설정하고 A(북극)에서 변의 길이가 몇 천 킬로미터 되는 큰 삼각형을 이동하며 그려 보면 실제로도 확인할 수 있습니다.

지구가 평면인지 곡면인지 알아보기 위해, 굳이 지구 밖으로 나가 보지 않아도 돼요. 수학을 잘 활용하면 지구 안에 있으면서도 확인할 수가 있습니다. 평면에서만 보이는 특징과 둥근 곡면에서만 보이는 특징을 잘 활용하면 됩니다. 정말 수학의 눈으로도 볼 수 있는 거죠. 물론 증명을 하기 위해 지구를 여행하며 측량해 보는 수고를 좀 해야겠지만요. 그래도 우주에 나가는 것보다는 돈이 훨씬 적게 들 겁니다. 그 정도라면 수학 공부도 해 볼 만하지 않나요?

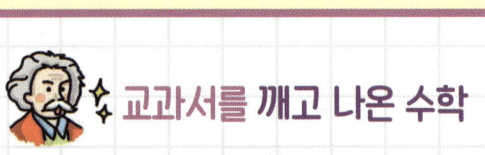

교과서를 깨고 나온 수학

PART 4

무한히 많다는 걸 어떻게 증명할까?

1+1=2

1+1=2라는 걸 어떻게 증명해야 할까?

∞

논리와 확률/통계

2, 4, 6, 8, □

평생 동전을 던져도 앞면과 뒷면만 나올까?

$\dfrac{1}{2}$

30 참과 거짓의 논리

한 바퀴 돌아왔다고 해서 지구는 둥그럴까?

지구가 (공처럼) 둥글다면,
온 세상 어린이들을 다 만나고서 한 바퀴 돌아올 겁니다.
그럼 말의 앞뒤를 바꿔도 될까요?
자꾸 걸어 한 바퀴 돌아왔다면,
"지구는 (공처럼) 둥근 거라고 말할 수 있나요?"

둥그니까 되돌아오지!

지구는 공처럼 둥급니다. 그러니까 우리의 위치와 정반대인 곳에서 사는 사람은 우리의 모습과는 반대로 서 있을 겁니다. 우리 입장에서 보자면 땅에 거꾸로 매달려 있는 모습입니다. 지구 밖에서 그런 모습을 본다면 정말 신기하겠죠?

지구는 공처럼 둥그니까 앞을 향해 똑바로 걸어가면 다시금 제자리에 돌아올 겁니다. 동요처럼 온 세상의 어린이들을 다 만나고 오겠죠. 그러니 길을 잃더라도 크게 걱정하지 마세요. 한 방향으로만 계속 걸어가면 집에 다시 오게 됩니다. 대신 왜 이렇게 늦었냐며 부모님께 야단 좀 들을 테지만요.

또 지구는 둥글기에 가도 가도 끝이 없습니다. 그렇다고 지구의 땅이나 바다가 무한히 넓은 건 아닙니다. 일정한 넓이를 갖지만 경계가 없을 뿐이죠. 유한하면서 무한한 셈입니다.

비행기의 경로도 둥글다

비행기의 경로를 정할 때도 지구가 공처럼 둥글다는 점을 감안해야 합니다. 대한민국의 인천에서 네덜란드의 암스테르담으로 향하는 비행기의 경로(파란색)를 보세요. 평면 지도로만 보자면 암스테르담으로 곧장 가지 않고 러시아를 경유해 돌아가는 것처럼 보입니다.

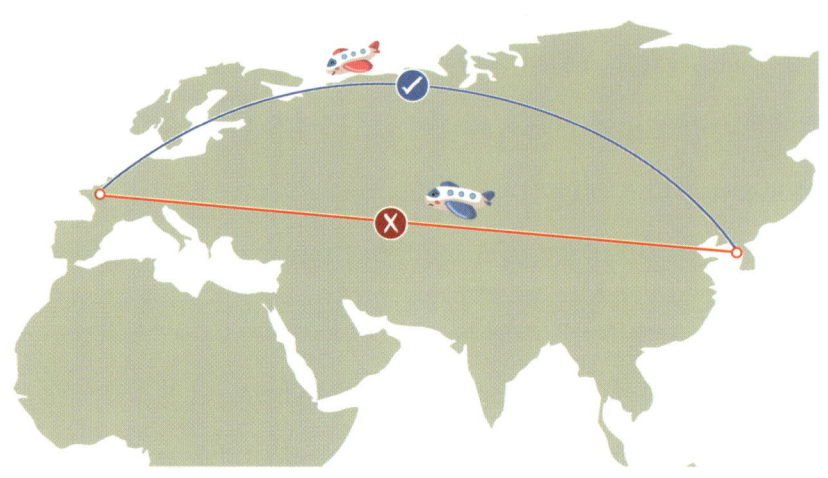

지구가 평평하다면, 비행기는 인천에서 암스테르담을 연결하는 직선 경로(빨간색)로 가야 합니다. 하지만 둥근 지구본 위에서 보면 파란색 경로가 실제로는 더 짧습니다. 지구가 둥글기 때문이죠.

지구가 둥글다면 자꾸 걸어가도 한 바퀴 돌아오죠. 이 문장은 참인 명제입니다. 명제란, 참 또는 거짓이 명백한 문장입니다. 그럼 <u>명</u>

제가 맞으면, 그 명제의 앞뒤를 바꾼 말도 무조건 맞을까요? 아직 지구가 어떤 모양인지 모르는 상태에서 어느 날 캐리어를 끌고 지구 여행을 떠났습니다. 무조건 한 방향으로만 걸어갔더니 1년 후에 되돌아왔네요. 그럼 지구는 공처럼 둥근 걸까요?

지구가 공처럼 둥글다면 다시 되돌아오는 것은 확실합니다. 하지만 지금 생각해 봐야 할 문제는 그 말을 뒤집은 말입니다. 뒤집은 말이 맞는지 틀린지를 확인해야 합니다. 어떤 말이 사실일 때, 반대로 뒤집은 말도 사실인지를 보고자 하는 거죠.

토성의 고리는 도넛 모양입니다. 지구가 그런 도넛 모양이라고 가정해 보세요(갑자기 군침이 싹 도는군요). 도넛 모양은 공처럼 둥근 모양과는 다릅니다. 도넛 모양은 가운데에 구멍이 하나 뚫려 있죠. 그래도 오른쪽 그림의 경로 a, b, c처럼 걸어간다면 다시금 제자리에 돌아오게 됩니다.

도넛 모양만 생각해 봐도, 한 바퀴 돌아 되돌아왔다고 해서 지구가 공처럼 둥글다고 확신할 수는 없습니다. 공 모양이 아닌 도넛 모양과 같은 지구도 가능하거든요. '공처럼 둥그니까 되돌아온다'라는 명제가 참이라고 하여, '되돌아오니까 공처럼 둥글다'라는 말은 무조건 참일 수는 없습니다. 구멍이 더 많이 뚫려 있는 도넛 모양도 가능합니다. 그러니까 제자리에 돌아왔다고 해서 지구가 공처럼 둥글다고 하는 말은 틀린 겁니다.

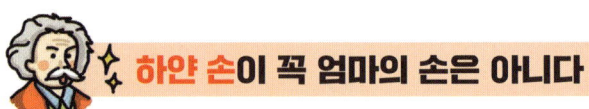
하얀 손이 꼭 엄마의 손은 아니다

'지구가 공처럼 둥글다면, 제자리에 돌아올 수 있다'는 말은 맞습니다. 하지만 순서를 뒤집은 말인 '제자리에 돌아온다면, 지구는 공처럼 둥글다'는 말은 틀립니다. 어떤 말이 옳다고 해서, 그 말의 순서를 뒤집은 말도 항상 옳은 건 아닙니다. 옳을 수도 있지만 틀릴 수도 있습니다.

<늑대와 7마리 아기 염소>라는 동화가 있습니다. 아기 염소를 잡아먹기 위해 늑대는 자신이 엄마인 것처럼 속임수를 씁니다. 온갖 속임수에 넘어가지 않던 아기 염소들은 밀가루를 바른 늑대의 하얀 손을 보고 '손이 하야니 엄마 손이다'라고 생각하여 문을 열어 줍니다. 엄마의 손이 하얗기는 하지만, 하얗다고 해서 모두 엄마의 손은

아닌데 말이죠. 앞뒤를 뒤집어 따져 보지 못한 거죠.

명제가 맞다고 하여 명제의 역도 꼭 맞는 건 아니다

어떤 사실을 설명한 말을 '명제'라고 한다고 했죠? '1 더하기 1은 2이다'는 옳은 명제이고, '1 더하기 1은 3이다'는 틀린 명제입니다. 명제의 앞뒤를 뒤집은 게 '명제의 역'입니다.

'삼각형은 각이 3개인 도형이다'라는 명제의 역은 '각이 3개인 도형은 삼각형이다'입니다. 이 경우도 원래 명제는 옳습니다. 모든 삼각형은 각이 3개잖아요? 하지만 그 명제의 역은 옳지 않습니다. 각이 3개이지만 삼각형이 아닌 경우가 존재하기 때문이죠.

어떤 명제가 참이라고 해서, 그 명제의 역도 참인 건 아닙니다. 거짓인데 참인 것처럼 꾸민 궤변일 수도 있습니다. 그러니 참인 명제의 역도 꼼꼼하게 따져 봐야 합니다. 밀가루로 하얗게 칠한 손이 진짜 엄마의 손인지 다른 사람의 손인지 더 확인해 봐야 하는 거죠. 우리도 누군가의 얄팍한 말 속임수에 넘어가지 않도록 꼭 꼼꼼히 따져 봅시다!

31 논리의 규칙

1+1은 2이면서 2가 아닐 수도 있을까?

생각 해보기

1+1=2입니다.
그러므로 '1+1은 2가 아니다'는 틀립니다.
1+1은 2이거나 2가 아니거나, 둘 중 하나입니다.
"1+1은 2이면서 2가 아닐 수도 있을까요?"

1+1과 2, 가능한 경우의 수

문득문득 그런 생각을 해 보지 않나요? '왜 꼭 1+1=2여야만 해? 1+1=3이거나 1+1=1이 될 수도 있는 거 아냐?' 그렇죠! 1+1이 꼭 2라는 법은 없습니다. 자신의 세상에서는 1+1=3이라고 하는 게 얼마든지 가능하죠. 1+1과 2, 어떤 경우가 가능할까요?

① 1+1=2

② 1+1≠2

③ 1+1=2 또는 1+1≠2

④ 1+1=2 그리고 1+1≠2

1+1은 1+1=2 아니면 1+1≠2일 겁니다. 1+1=3이나 1+1=1 같은 식은 모두 1+1≠2에 포함되겠죠. 둘 중 하나는 참이기에 ③ '1+1=2 또는 1+1≠2'는 참입니다.

경우의 수로만 보자면 ④도 가능합니다. 1+1은 2이면서 2가 아닙니다. 내가 나이면서 내가 아니고, 내가 살아 있으면서 살아 있지 않은 거죠. 무슨 자다가 봉창 두드리는 소리냐고요? 그 소리가 봉창 소리인지 아닌지는 좀 더 살펴봐야죠.

1+1이 2이면서 2가 아니라면?

1+1=2이기에 2+3=5이고 2×3=6입니다. 1+1≠2이라면, 2+3≠5이고 2×3≠6입니다. 만약 1+1이 2가 아닌 3이었다면, 수학의 모습은 지금과는 달라졌을 겁니다. 하지만 어떤 것이더라도 하나를 선택하면 스토리는 전개됩니다. 그게 중요합니다. 다만 선택에 따라 수학의 모습은 다르게 흘러가겠죠. 자장면을 먹느냐 짬뽕을 먹느냐에 따라 디저트가 달라지듯이 말입니다.

그런데 1+1=2이면서 1+1≠2라고 해 보세요. 그러면 2+3의 답은 뭐가 될까요? 1+1=2라고 하면 2+3=5입니다. 하지만 1+1≠2라는 규칙을 적용한다면 2+3≠5입니다. 그러므로 2+3은 5이기도 하고 5가 아니기도 합니다. 그러면 답을 뭐라고 적어야 할까요? 답을 적지 못할 겁니다. 이러지도 못하고 저러지도 못하는 난처한 상황에 빠지게 되는 거죠.

1+1=2이면서 1+1≠2라면, 답은 하나로 결정되지 않습니다. 그러므로 그 다음 이야기를 전개해 갈 수가 없습니다. 어느 하나를 선택하지 않아서, 그 다음 일정을 잡을 수 없는 상황과 똑같습니다. 수학을 더 이상 진행할 수가 없습니다.

 선택의 순간, 둘 중 하나를 선택해야 한다

우리는 매 순간 어느 하나를 결정해야 합니다. 자장면을 먹을지 짬뽕을 먹을지 둘 다 먹을지 선택해야 하죠. 1+1의 답을 하나로 결정해야 하는 것과 같습니다. 그래서 **수학은 '1+1=2이면서 1+1≠2'라는 경우를 제외합니다. 반대되는 2개를 다 택하는 경우에는 수학 이야기를 써 내려갈 수가 없기 때문입니다.**

수학에서는 1+1은 2이거나 2가 아니거나 둘 중 하나입니다. 둘 다 동시에 만족시킬 수는 없습니다. 그래야 수학이 가능해집니다. 이는 마치 내가 집에 있으면서 학교에 있는 것, 내가 친구랑 놀면서 놀지 않고 집에서 공부하는 것이 불가능한 것과 같습니다. 우리는 어느 하나를 선택해야 하는 세상에서 살고 있습니다.

$1 + 1 = 2$ $\quad\quad 1 + 1 \neq 2$

너를 선택하겠다!

그러면 1+1은 2이면서 2가 아닌 그런 세상은 상상조차 할 수 없을까요? 현재까지 그런 수학이나 세계는 없습니다. 하지만 앞으로 다가올 세계 또는 전혀 다른 세계라면 가능할지도 모르겠네요.

혹시 <이상한 나라의 앨리스>의 앨리스가 여행했던 그 이상한 세계라면 어떨까요? 앨리스는 그 세계에서 참으로 희한한 고양이인 체셔 고양이를 만납니다. **그 고양이는 참 특별한 재주를 가졌습니다. 몸의 일부는 사라지고, 일부는 남아 있습니다. 있기도 하면서 있지 않기도 했죠.** 서로 다른 두 사건이 동시에 일어납니다. 이 재주 덕분에 체셔 고양이는 여왕을 아주 곤란하게 합니다. 여왕이 체셔 고양이의 목을 치라고 명령했으나, 집행인은 몸뚱이가 없어서 목을 칠 수 없다고 했거든요.

그곳이라면 1+1=2이면서 1+1≠2일 수 있지 않을까요? 충분히

그럴 가능성이 있어 보입니다. 그 세계에서는 어떤 수학을 공부할지 무척 궁금해집니다. <이상한 나라의 앨리스>를 다시 읽어 보면서 그 세계의 수학이 어떤 모습인지 찾아보고 상상해 보세요. 체셔 고양이와 함께, 이상하지만 특별한 수학 세계를 탐험해 보자고요.

32 규칙 찾기

나는야 규칙을 찾는 탐정!
2, 4, 6, 8, □. □는 10일까?

생각 해보기

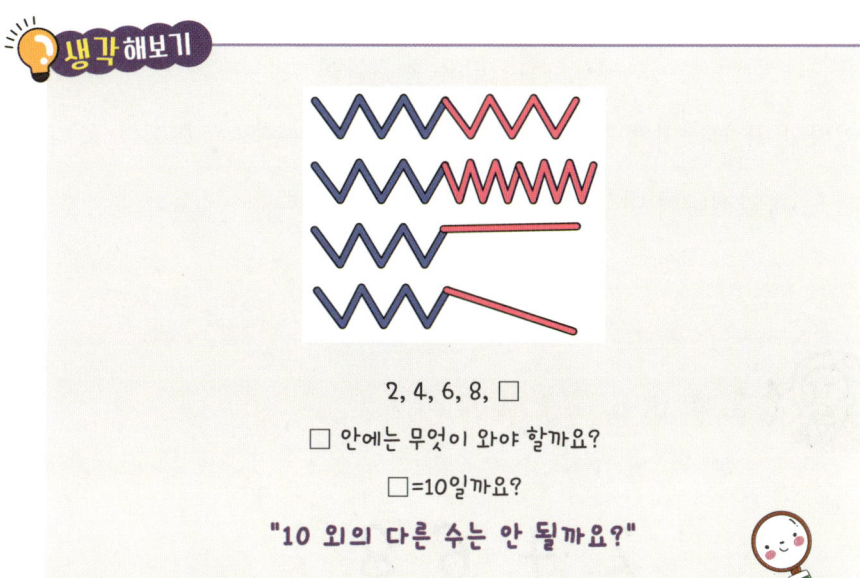

2, 4, 6, 8, □

□ 안에는 무엇이 와야 할까요?

□=10일까요?

"10 외의 다른 수는 안 될까요?"

 **규칙 찾기 놀이!** 2, 4, 6, 8 다음은?

    2, 4, 6, 8, □. 규칙 찾기 문제입니다. 2, 4, 6, 8을 보고서 규칙을 찾아내 □에 올 수를 예측하면 됩니다. 어떤 규칙인 것 같나요? 제

PART 4. 논리와 확률/통계   201

시된 숫자를 보면 2씩 늘어나는 규칙인 것 같네요. 그럼 8 다음에는 10이 오면 되겠죠. 이렇게 **수들이 쭉 나열되어 있는 것을 '수열'이라고 합니다.** 수열의 규칙을 찾아내면, 그 수열의 몇 번째 수가 뭔지를 정확히 알아낼 수 있답니다.

그런데 2, 4, 6, 8 다음에 올 수가 10 말고는 또 없을까요? 친구들한테 한번 물어보세요. 아마 많은 친구들이 다른 수는 답이 될 수 없다고 딱 부러지게 말할 겁니다. 2씩 늘어나는 규칙이 확실한데, 다른 답이 있겠냐며 이상하게 쳐다볼 수도 있습니다.

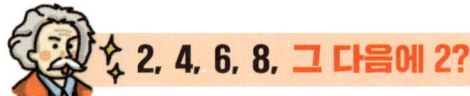

2, 4, 6, 8, 그 다음에 2?

2, 4, 6, 8, 2

그런데 조용히 책을 읽던 어떤 친구가 다가와 □가 2라고 말합니다. 그러자 많은 친구들이 코웃음을 치며 비웃네요. 이렇게 쉬운 문제인데 그걸 틀리냐며, 여러분도 비웃을 건가요? 그래도 우리는 서로의 생각을 존중해야 한다고 배웠잖아요. 왜 2가 답이라는 건지 그 친구에게 의리로라도 물어는 봐야죠.

그 친구가 말하네요. 자신이 보기에 규칙은 2, 4, 6, 8이 반복된다는 거라고 말입니다. 그 친구의 생각이 틀렸을까요? 그렇게 말할 수는 없을 거예요. <u>2, 4, 6, 8을 2씩 늘어나는 규칙으로도 볼 수 있지만, 2, 4, 6, 8이 반복되는 규칙으로도 볼 수 있으니까요. 2, 4, 6, 8이 반복된다는 규칙은 결코 틀린 규칙이 아닙니다.</u> 다른 규칙이죠. 그러니 2도 답이 된답니다.

규칙은 다양할 수 있다!

① 2, 4, 6, 8, **2**, 4, 6, 8, 2, 4, 6 …
② 2, 4, 6, 8, **6**, 4, 2, 4, 6, 8, 6 …
③ 2, 4, 6, 8, **11**, 14, 17, 20, 24, 28 …
④ 2, 4, 6, 8, **1**, 1, 1, 1, 1, 1 …

①은 2, 4, 6, 8이 계속 반복되는 수열입니다. ②는 2에서 8로 올라갔다가 8에서 2로 내려가고 다시 8로 올라갑니다. 그 패턴을 반복합니다. ③은 8까지는 2씩 증가했다가 그다음 수 4개는 3씩 증가하고, 그다음 수 4개는 4씩 증가합니다. 4개마다 증가하는 값의 크기도 1씩 커집니다. ④는 2, 4, 6, 8 이후 1이 계속 이어지는 수열이고요. 모두 규칙이 다른 수열이니까 8 다음에 오는 수도 다르네요.

이제 질문을 다시 해 보겠습니다. 2, 4, 6, 8 다음에 오는 수는 무엇일까요? 이제는 10 이외의 답은 없다고 말 못 하겠죠? 알고 보면 2, 4, 6, 8을 설명해 주는 규칙은 딱 하나가 아닙니다. 관점에 따라 다양합니다. 그 관점에 따라 10이 아닌 다른 수가 얼마든지 올 수 있답니다.

문제를 잘 보세요. 2, 4, 6, 8만 주고서 그다음의 수를 찾으라고 했습니다. 수열의 규칙이 뭔지를 먼저 밝히지 않았습니다. 규칙이 한 가지뿐이라고 말하지도 않았고요. 그러니 다양한 규칙으로 설명해도 됩니다. 2, 4, 6, 8을 설명하는 규칙이기만 하면 얼마든지 가능합니다.

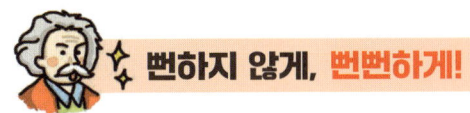
뻔하지 않게, 뻔뻔하게!

<u>**2, 4, 6, 8을 설명할 수 있는 규칙은 하나가 아니다! 수학만의 현상이 아닙니다. 우리의 일상 곳곳에서 매일 벌어지는 일이죠.**</u> 똑같은 현상을 놓고도 생각이 다릅니다. 그래서 친구들과 종종 다투기도 하잖아요. 같은 현상일지라도 그 현상을 설명하는 규칙이나 해석은 다양하니까요.

요즘 발전하고 있는 인공지능을 생각해 보세요. 어떤 사람은 인공지능이 인간을 이롭게 할 거라고 합니다. 하지만 다른 사람은 인공지능은 인간에게 해를 끼치게 될 거라고 전망합니다. 똑같은 현상에 대해 완전히 반대로 생각하죠.

너무 뻔하면 재미없다고들 하죠? 뻔하다는 건 예측이 가능하다는 겁니다. 다음에 뭐가 나올지 충분히 예측되는 수열과 같습니다. 그때 의외의 생각이나 행동을 해 봐도 괜찮습니다. 공부는 꼭 앉아서 해야만 한다고요? 서서 해도, 누워서 해도, 심지어 물구나무 서기를 하면서 해도 가능하죠. 그렇게 해도 공부가 잘 된다는 근거만 있다면요. 2, 4, 6, 8 뒤에 무엇이 오든 규칙 설명만 가능하다면 1이 와도, 2가 와도, 10이 와도, 누가 와도 되니까요.

미국의 화가 '라우쉔 버그'는 1950년대에 <white paintings>라는 그림을 선보였습니다. 그런데 이 그림은 '아무것도 그리지 않은 그림'이었죠. 그림이라면 뭐든 그려 넣어야 한다는 일반적인 생각과 반대되는 그림이었습니다. 그림인데 아무것도 그리지 않은 그림이라니, 놀랍죠? 새로운 관점으로 풀어낸 그림인 거죠. 자신만의 다른 생각이 있다면, 다른 사람들이 낯설게 받아들이더라도 기죽지 말고 조금은 뻔뻔해져 보세요!

33

증명의 원리

1+1=2라는 걸
어떻게 증명해야 할까?

생각해보기

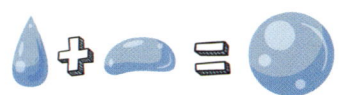

1+1 = 1?

포켓몬빵 하나에 포켓몬빵 하나를 더하면 2개입니다.
1+1=2이죠.
하지만 물방울 하나에 물방울 하나를 더하면 하나가 됩니다.
그럼 1+1=1이겠네요.
"이런 상황에서 1+1=2를 어떻게 증명해야 할까요?"

 **왜? 왜? 왜? 수학은 '왜'를 계속 묻는다**

저는 학창 시절, 무엇 하나를 말하면 꼭 "왜?"를 반복하면서 짜증을 유발하는 그런 친구가 있었답니다. 제가 짜증을 내면 재미있다

PART 4. 논리와 확률/통계

는 듯이 또 "왜?"를 반복했었죠. 앵무새처럼 말이죠. 조금 짜증이 날 수도 있지만, 수학도 늘 이유를 따집니다. 뭐 하나를 하더라도 근거나 이유가 있어야 하죠. 이유 없이는 한 발짝도 뗄 수가 없습니다.

$$5+\square\div4=8 \dashrightarrow$$
① $\square\div4=8-5$
② $\square\div4=3$
③ $\square=3\times4$
④ $\square=3+3+3+3$
⑤ $\square=12$

간단한 식입니다. 하지만 하나하나 이유를 따지며 풀어야 하죠. 5+□÷4=8에서 □÷4는 하나의 묶음입니다. 그래서 이 식은 ①로 바뀝니다. □+○=♥이므로 □=♥-○라는, 덧셈과 뺄셈의 관계 때문입니다.

8-5를 계산하면 ②이고, ②는 다시 ③처럼 변형이 됩니다. □×○=♥이므로 □=♥÷○라는, 곱셈과 나눗셈의 관계를 근거로 말이죠. 3×4를 곱셈의 뜻에 따라 풀어서 계산하면, 결국 답은 12입니다.

수학 문제를 풀 때는 철저히 규칙에 따라야 합니다. 자기 마음대로 풀면 속은 시원할지 몰라도, 답은 틀리게 되죠(그런 경험 많지요?). 그리고 그 규칙을 정할 때는 반드시 이유와 근거가 있습니다. 그러니 수학을 공부할 때는 늘 '왜 그렇지?' 하며 질문을 던져 봐야 합니다.

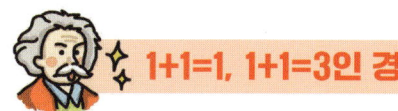
1+1=1, 1+1=3인 경우도 있다고?

5+□÷4=8의 문제를 풀었던 걸 훑어보세요. 12라는 답을 얻을 수 있었던 건, 결국 '1+1=2'라는 사실 때문입니다. 1+1=2이기에 3×4=12가 되는 거죠.

수학의 토대 : 1+1=2

1+1=2, 수학에서 가장 기초적인 사실입니다. 너무나 당연해 누구나 다 아는 사실이기도 하죠. 그럼 이제 모든 의문이 다 풀린 걸까요? 아닙니다. 수학을 제대로 공부한 우리들인 만큼 여기서도 질문을 또 던져야 합니다. 왜 1+1=2일까요?

1+1=2인 이유를 물으면, 사람들은 보통 물건을 가져와서 직접 보여 주곤 합니다. "자 봐. 핸드폰이 1대 있지. 그런데 핸드폰 1대를 더 가져왔어. 그럼 2대가 되잖아. 그래서 1+1=2인 거야"라고 설명해 주죠.

그런데 핸드폰 대신에 물방울로 설명하면 어떻게 될까요? 물방울 하나에 다른 물방울 하나를 더하는 거죠. 그러면 물방울 2개가 되나요? 그렇지 않습니다. 무게는 2배가 되겠지만 개수로는 여전히 1입니다.

하나에 하나를 더할 경우 3이 되는 경우도 있습니다. 마트나 편의점에서 하는 '2+1 행사'를 생각해 보세요. 초콜릿바 하나에 하나를 더 사면, 덤까지 받아 3개가 됩니다. 그 경우라면 정확히는 1+1=3이라고 말해야 합니다.

경험은 확실한 증명이 될 수 없다

<u>경험적인 사건만으로는 1+1이 꼭 2라고 말하기는 어렵습니다. 결과가 다른 사건이 얼마든지 있기 때문입니다.</u> 그래서일까요? 고대 그리스의 철학자인 소크라테스도 1+1=2에 대해서 진지하게 의심하기도 했답니다.

이 세상에는 우리가 보고 접한 것과 전혀 딴판인 일이 종종 일어납니다. 경험을 벗어난 일들이 자주 발생하죠. 지구에서는 망치와 깃털을 동시에 떨어뜨리면 망치가 먼저 떨어집니다. 어디에서나 그렇죠. 하지만 달에서는 같이 떨어집니다. 실제로 우주인이 실험을 통해

보여 주기도 했습니다. 참 놀랍고도 신기한 일이죠.

실제 일어난 사건이나 현상만으로는 100% 완벽하게 증명하지 못합니다. 언제든 다른 현상이 일어날 가능성이 있잖아요. 그래서 수학은 경험을 통한 증명을 아예 인정하지 않습니다. 경험은 참고만 할 뿐, 증명할 때는 오로지 이론적인 '논리'만 사용합니다.

1+1은 그냥 2라고 하자

1+1은 왜 2일까요? 수학은 1+1=2라는 사실마저도 논리적으로 증명하고자 했습니다. 그래야 1+1=2를 근거로 한 모든 사실이 증명되는 거니까요. 하지만 아무리 노력해도 이 사실을 제대로 증명하지 못했습니다. 너무 당연하다 보니 오히려 증명하기가 어려웠던 거죠.

수학은 증명의 학문이었기에, 증명의 방법이나 원리를 깊이 탐구했습니다. 그러다가 수학은 결국 다음과 같이 깨달았습니다.

"아, 모든 사실에 이유를 댈 수는 없구나. 결국에는 이유를 댈 수 없는 사실이 필요하겠구나."

그렇습니다. 아무리 수학이라도 이유나 근거를 매번 제시하지는 못합니다. 이유가 필요 없는 사실, 증명마저도 필요 없는 사실이 있어야만 합니다. 그런 사실이 있어야 증명을 해 나갈 수 있죠. 높은 빌딩에서 더 이상 내려갈 수 없는 맨 아래층이 있는 것처럼, 도미노 게임에서 사람 손에 의해 넘어지는 첫 도미노가 있는 것처럼 말입니다.

1+1=2는, 이유를 대면서 증명할 수 있는 사실이 아닙니다. 그래서 **수학에서는 그냥 '1+1=2'인 걸로 하자고 합의를 했습니다. 증명되지는 않았지만 틀림없는 사실로 정해 놓은 거죠.** 너무도 당연해 그냥 받아들이면 되는 사실입니다. **그런 사실을 우리는 '공리'라고 부릅니다.**

수학의 가장 밑바닥에는 그런 공리들이 깔려 있습니다. 그 공리를 통해 다른 사실들을 하나씩 증명해 갑니다. 공리가 있기에 증명의 수학이 가능한 것이죠. 이유를 따지는 수학이지만 알고 보면 가장 밑바닥에 있는 공리에는 이유가 없습니다. 뭔가 모순적인 상황인 거죠. 그러니 지나치게 '왜'만 계속 따지지는 말자고요. 때로는 '왜'라고 묻기보다는 '그랬구나' 하며 살포시 안아 주는 공감 요정이 되어 주세요.

34 증명의 방법

셀 수도 없는데 무한히 많다는 걸 어떻게 증명할까?

 생각해보기

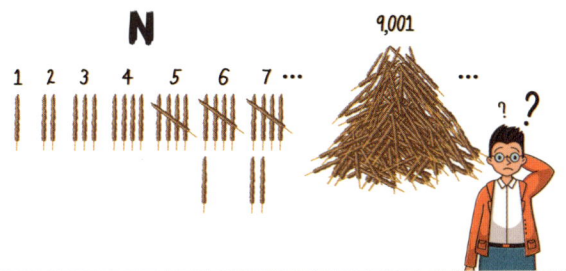

무한을 세 보겠습니다.

1, 2, 3, 4, 5…하루가 지나도 끝이 없습니다.

도저히 다 셀 수 없죠.

"그나저나 셀 수도 없는데, 무한하다는 걸 어떻게 증명할까요? 끝이 있는데 못 세는 것일 뿐 아닌가요?"

 **증거를 보여 주면, 증명은 끝난다**

범죄자의 혐의를 입증하는 가장 빠른 방법은 역시 직접 증거를

PART 4. 논리와 확률/통계

대는 거죠. 증거를 대는 건 증명에서 가장 쉽고 좋은 방법입니다. 이것저것 말이 필요 없습니다. 눈으로 확인시켜 주면 증명은 끝나 버립니다. '백조가 다 흰 것은 아니다'라는 사실도, 호주에서 검은 백조가 발견되면서 증명되었습니다. 화성에 생명체가 있다는 걸 밝힐 방법도 간단합니다. 탐사선이 살았건 죽었건 생명체 하나만 발견해서 보여 주면 되죠. 생명체를 찾기 위해 우주 과학자들이 혈안에 빠져 있는 이유죠.

그런데 증거를 보여 주기 어려운 경우가 있습니다. 외계인이 있느냐 없느냐, 죽음 이후의 세계가 있느냐 없느냐 같은 문제에 대해서는 증거를 댈 수 없습니다. 그래서 치열하게 말로 토론하다가 다투는 것으로 끝나곤 합니다.

 ## 셀 수도 보여 줄 수도 없는 **무한의 늪**

무한하다는 것도 증명하기 어려운 경우입니다. 자연수는 무한하다고 하는데, 그걸 어떻게 증명할 수 있을까요? 자연수에는 끝이 없으니까 자연수를 다 보여 주지는 못합니다. 그 개수를 정확하게 셀 수도 없죠. '…'이나 수직선의 '화살표'는 보여 주는 게 아닙니다. 수가 계속 이어지는 것으로 알고 말해 주는 것뿐입니다.

무한을 보여 줄 수는 없기에, 증거를 대는 방법으로 무한을 증명할 수는 없습니다. 다른 방법이 필요합니다.

무한이라고 하면 보통 어마어마하게 큰 수 또는 제일 큰 수라고 생각합니다. 3이나 5처럼 개수가 딱 정해져 있는 보통의 수와 같다고 생각하는 거죠. 그럼 국어사전에서는 어떻게 설명했을까요?

> **무한 : ① 수, 양, 공간, 시간 따위에 제한이나 한계가 없음.**
> **② 집합의 원소를 다 헤아릴 수 없음.**

무한의 뜻을 보세요. 엄청나게 크고 많다는 식의 설명이 아닙니다. 대신에 <u>무한을, 제한이나 한계가 없는 상태라고 말합니다. 한계가 있는 걸 '유한'이라고 하니까, 무한은 곧 유한하지 않은 겁니다.</u> 유한하지 않은 게 무한입니다. 무한을 직접 설명하지 못하고, 유한의 부정어로 설명합니다.

자연수는 그 끝이나 한계를 정할 수 없습니다. 그래서 자연수는 무한하다고 하는 것입니다. 크기가 지구보다, 우주보다 크다는 게 아니라요. 수직선처럼 양옆으로 계속 뻗어 가는 것도 무한이지만, 그 양 끝이 원처럼 만났다고 해도 무한입니다. 돌고 돌아서 끝이 없기 때문이죠. 내가 언제쯤 돌아오겠다고 딱 정해 놓지 않으면, 그것도 무한인 상태입니다.

무한은 한계를 정할 수 없는 것입니다. 그래서 영어로는 '한계가 없다'는 뜻을 품은 infinity입니다. 무한을, 유한하지만 경계가 없는 뫼비우스의 띠 같은 '∞' 모양으로 표현하는 것도 이런 이유 때문입니다.

무한을 증명한다

그럼 자연수가 무한하다는 것, 즉 한계가 없다는 걸 증명해 보겠습니다. 자연수가 유한하지 않다는 걸 보이면 됩니다. 우선은 자연수가 유한하다고 가정하죠. 그렇다면 마지막 자연수를 □로 표현할 수 있습니다. □는 자연수 중에서 제일 클 겁니다. 자연수의 마지막이니까요.

자연수가 유한하다면?

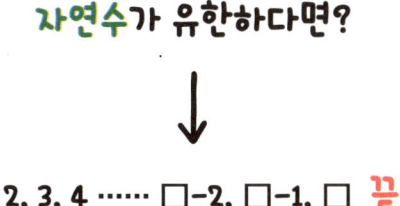

1, 2, 3, 4 …… □-2, □-1, □ **끝!**

그럼 □에 1을 더해 보겠습니다. 그러면 그 수는 '□+1'인데, 역시 자연수가 됩니다. 어떤 자연수에 1을 더하면 1만큼 더 큰 자연수가 되어야 하니까요. 2에 1을 더하면 3이라는 자연수가 되듯이 말입니다.

여기서 □와 □+1 중에서 어느 게 더 클까요? 당연히 □+1이 더 클 겁니다. □보다 1만큼 더 큰 수이니까요.

□ < □+1

여기까지 해 놓고 보니 말이 안 맞죠. 아까 자연수는 유한하다고 가정하면서 □는 가장 큰 자연수라고 했었잖아요? 그런데 그 수보다 더 큰 자연수인 □+1이 생겼습니다. □가 제일 큰 자연수라는 사실이 틀리게 돼 버린 거죠. 모순입니다.

결론은 뭘까요? 자연수가 유한하다는 가정이 잘못되었습니다. 그러니까 자연수가 유한해서는 안 됩니다. 어? 유한하지 않다고요? 그건 무한의 정의였습니다. 무한은 곧 유한하지 않은 것이라고 했었 잖아요! 그러므로 자연수는 무한합니다.

참 기발하고 유용하다!

무한하다는 걸 보여 주려면 유한하지 않다는 걸 보여 주면 됩니다. 그러기 위해 어떤 대상이 유한하다고 가정한 후, 그 가정이 틀렸다는 걸 보여 줍니다. 이 방법은 수학에서 요긴하게 사용됩니다. 어떤 사실을 직접 증명하기 어려울 때 주로 사용되죠(귀류법이라고 합니다). 2, 3, 5, 7 같은 소수가 무한히 많다는 사실도 이 방법으로 증명했습니다. 소수가 유한 개가 아니라는 걸 보여 줘서 무한하다는 사실을 증명했습니다.

이 방법은 토론에서도 종종 활용됩니다. 자신의 생각이 옳다는 걸 주장하지 않고, 상대의 주장이 틀렸다는 걸 주장하는 경우죠. 느릿느릿 앞에 가는 거북이를 날쌘 토끼가 영원히 따라잡을 수 없다는 **'제논의 역설'**도 그런 주장이었습니다. 이 역설은 고대 그리스의 철학자인 제논이 만들어 낸 이야기입니다. 반박하고 싶어 했던 사람들의 주장을 가정해서 만들어 낸 이야기입니다. 진짜로 토끼가 이기지 못한다고 주장하려던 게 아닙니다. 말도 안 되는 그 결과를 이끌어 낸 그 가정이 틀렸다는 걸 보여 주려고 한 이야기죠.

이렇게 끝내주는 아이디어를 그냥 바라보고만 있을 수는 없죠. 여러분도 토론에서 상대의 주장을 반박하려 할 때, 이 증명의 방법을 써 보세요!

35

확률과 경우의 수

평생 동전을 던져도 앞면과 뒷면만 나올까?

동전에는 앞면과 뒷면이 있습니다.
던지면 둘 중 하나가 나오죠.
"동전을 평생 던져도 앞면과 뒷면만 나올까요?"

 **앞면 아니면 뒷면으로 결정되는 월드컵**

2022년, 대한민국의 밤을 뜨겁게 달군 카타르 월드컵이 있었죠. 부모님과 치킨을 먹으며 TV로 경기를 봤을까요? 혹시 축구 경기를 시작할 때 동전 던지기 하는 걸 본 적 있나요? 각 팀의 주장들이 나

와서 동전의 두 면 중 하나를 선택합니다. 심판은 동전을 던지고, 던져서 나온 면을 선택한 주장에게 어느 골대를 선택할 것인지를 묻죠.
각 팀의 선수들은 선택된 진영으로 가서 포지션을 잡고 경기할 준비를 합니다.

동전 던지기로 경기의 승패를 결정하는 경우도 있습니다. 두 팀이 치열하게 경기를 했는데도 승패가 결정이 되지 않았을 때죠. 국제 경기에서도 그런 경우가 간혹 발생합니다. 2000년 미국에서 골드컵이 열렸을 때였습니다. 그때 우리나라는 조별리그에서 공동 2위를 했는데, 동전 던지기로 탈락을 가렸고 결국 우리나라가 탈락했던 아픈 기억이 있죠.

둘이서 순위를 정하거나 벌칙을 정할 때 왜 종종 동전 던지기를 하죠? 동전 던지기를 하면 둘 중 하나가 반드시 결정되기 때문입니다. 어떻게든 승자와 패자가 결정되죠. 게다가 승부를 조작하기가 어려워서 두 사람 모두 공평하다고 생각을 합니다. 짧은 시간에 공평하면서도 확실한 결정을 할 수 있죠.

 **확률은 반반**

확률은 어떤 사건이 일어날 가능성을 다루는 수학입니다. 확률을 계산하려면 사건이 일어날 수 있는 경우의 수를 먼저 알아야 합니다. <u>모든 경우의 수를 분모로 하고, 해당 사건이 일어날 경우의 수를 분자로 해서 확률이 계산되죠</u>. 확률의 최솟값은 0으로, 사건이 일어날 가능성이 전혀 없습니다. 최댓값은 1인데, 사건이 반드시 일어나는 경우입니다.

$$확률 = \frac{그\ 사건이\ 일어날\ 경우의\ 수}{모든\ 경우의\ 수}$$

주사위를 던져 3의 배수가 나올 확률을 구해 볼까요? 주사위를 던지면 나올 모든 경우의 수는 1부터 6까지 6입니다. 그중 3의 배수는 3과 6 두 가지죠. 그러니 주사위를 던져 3의 배수가 나올 확률은 $\frac{2}{6} = \frac{1}{3}$입니다.

동전을 던져 뭔가를 결정하는 이유는, 앞면이나 뒷면이 나올 가능성이 반반이기 때문입니다. 수로 표현하자면 앞면이 나올 확률도, 뒷면이 나올 확률도 $\frac{1}{2}$인 거죠. 모든 경우의 수는 앞면과 뒷면으로 2입니다.

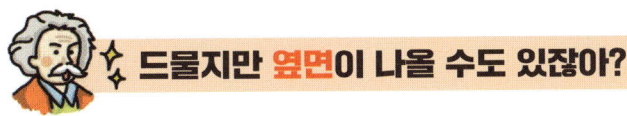 **드물지만 옆면이 나올 수도 있잖아?**

그런데 동전을 던졌을 때 앞뒤만 나온다는 보장이 있을까요? 정말 드물기는 하지만 옆면이 나오기도 한답니다. 만약 그렇다면 앞면 또는 뒷면이 나올 확률인 $\frac{1}{2}$이라는 수치가 바뀌어야 할 겁니다. 그런 모습을 담은 동영상이 인터넷에 올라와 있기도 하죠. 옆면이 나올 때를 영상으로 찍어 올린다면 유명 스타가 될 수도 있습니다.

미국의 한 연구기관에서는 동전이 옆면으로 설 확률을 계산했답니다. 그 확률은 약 $\frac{1}{6000}$ 입니다. 6,000번 던지면 한 번 정도 옆면으로 선다는 뜻이죠. 동전을 6,000번 정도 던져 본 적 있나요? 아마 평생을 다 합쳐도 6,000번이 안 될 겁니다. 그래서 우리는 평소에 동전이 옆면으로 서는 경우를 보지 못했습니다. 쏟아부은 정성이 부족했던 거죠.

결과적으로, **동전이 옆면으로 서는 경우가 있긴 하지만 아주 드물게 발생합니다. 그 경우를 고려해야 할 만큼의 수치는 아니죠.** 그래서 그 경우를 제외하고 앞면 아니면 뒷면이 나온다고 말합니다. 앞면이나 뒷면이 나올 확률도 $\frac{1}{2}$이라고 말하는 것이고요. 그렇다고 해야 수학 문제를 푸는 것도 깔끔해지겠죠?

만약 동전을 던졌을 때의 확률에서 옆면의 경우도 고려했다면, 수학 공부가 한층 어려워졌을 겁니다. 경우의 수가 세 가지로 늘어나 버리니까요.

하지만 다행히도 동전이 옆면으로 서는 경우는 제외되었습니다. 그 경우의 확률을 0으로 본 것이죠. 그렇더라도 동전을 던지면 극히 드물게 동전이 옆면으로 설 수도 있다는 걸 기억해 두세요. 0과 $\frac{1}{6000}$ 은 분명히 다른 거잖아요? 그런 행운이 여러분의 눈앞에서 벌어지기를 기원합니다.